JN237198

ビジネスパーソンの教養
経済×English

中澤幸夫 著

■ はしがき ■

「経済学のことを一通り勉強したい。現代はグローバル化の時代だから，できれば英語で勉強したい。」

これはビジネスパーソンだけでなく，MBA（経営学修士号）取得を目指している人たち，大学で経済学を学んでいる人たち，さらには英語の経済記事を読み深く理解したいと思っている一般の人たちが願っていることであろう。ところが，実際に英語の経済学のテキストを手にすると，その分厚さ，専門用語や数式，図表の多さに圧倒されてしまう。「何か橋渡しになるような本はないものか？」
このような要望に応えたのがこの本だ。具体的には，次のような諸点に配慮した。

・経済学の中核的知識を詳しく解説した。経済英語は単語がわかれば理解できるというものではないからだ。
・「用語解説」→「経済の気になる論点」という流れをとることにより，段階的立体的理解を図った。
・現代的トピックを多く扱った。現実に応用できない経済学は意味がないからである。

経済学は英語で勉強したほうがよい。私がこれに最初に気づいたのは，もう40年以上も前になる。大学3年生の時である。アメリカで長い研究生活を終えて戻られたばかりの都留重人先生が，若い先生と二人でマルクスの「再生産論」の講義を討論形式で行っていた。講義スタイルの斬新さと，都留先生が手書きのガリ版で毎回数十題の練習問題を配ってくださった情熱。これには本当に感激したが，都留先生はアメリカの経済学者ポール・サミュエルソンの経済学のテキストも翻訳されていた。私は，原文のテキストを入手し，読んでみた。すると，意外なほど読みやすく，英語で経済学の本を読むことの意義を初めて知ったのである。私は，大学では経済学に加えて英文学のゼミも履修し，来る日も来る日もペンギン社などの英語の本を読んでいた。そして月日は流れ，流れて，今気づいてみると私は経済学と英語の橋渡しのような仕事をしている。その不思議な巡り合わせに驚くばかりだ。経済学と英語の「幸福な結婚」に感謝しつつ，本書が読者の方々に少しでも役立つことを心から念じる次第である。
最後に，この紙面を借りて，大変お世話になったZ会の松澤明子さんと日本アイアール株式会社の小林歩さんに謝意を表したい。

2011年4月　著者　中澤幸夫

目次

はしがき……………………………………………………………………… 3
本書の効果的利用法………………………………………………………… 6

第1章　経済学の基礎的理論・考え方

1. 稀少性 …………………………………………………………………… 10
2. トレード・オフ ………………………………………………………… 13
3. 機会費用 ………………………………………………………………… 16
経済の気になる論点① ……………………………………………………… 19
　「イラク戦争の経済学的なコストはどれくらいだったのでしょうか？」
4. 見えざる手 ……………………………………………………………… 23
5. 市場・市場メカニズム ………………………………………………… 27
6. 均衡 ……………………………………………………………………… 31
経済の気になる論点② ……………………………………………………… 37
　「ソ連が崩壊した経済的理由にはどのようなものが考えられますか？」
経済の気になる論点③ ……………………………………………………… 43
　「現在の経済学の主流の理論である合理的期待仮説に対して批判がありますが、それはどのような理由からですか？」
経済の気になる論点④ ……………………………………………………… 49
　「効率的市場仮説によると、金融市場（株、商品取引、外国為替など）では大儲けはできないと言われますが、これは本当なのでしょうか？」

第2章　経済における政府・企業の働き

7. 総供給・総需要 ………………………………………………………… 54
8. 国内総生産 ……………………………………………………………… 58
9. 景気循環 ………………………………………………………………… 63
経済の気になる論点⑤ ……………………………………………………… 67
　「ミクロ経済学とマクロ経済学はどのように違うのでしょうか？」
経済の気になる論点⑥ ……………………………………………………… 70
　「財政政策と金融政策とは具体的にどのようなことを行うのですか？」
経済の気になる論点⑦ ……………………………………………………… 77
　「『日本の失われた10年』とはどんな時代だったのですか？ この時期に政府や日銀はどのような政策を行ったのですか？」
10. 市場の失敗 …………………………………………………………… 83
経済の気になる論点⑧ ……………………………………………………… 87
　「外部性の問題を解決する理論に『コースの定理』というものがあるそうで

すが，これはどのようなものなのでしょうか？」

第3章　金融・国際経済

 11. レバリッジ・エクイティ………………………………………… 94
 12. 証券化………………………………………………………… 99
 経済の気になる論点⑨…………………………………………… 103
  「米国のサブプライム・ローンが今日の世界的金融危機をもたらしたとされていますが，どうしてそのようなことになったのですか？」
 13. 分業・特化…………………………………………………… 113
 14. 比較優位…………………………………………………… 117
 経済の気になる論点⑩…………………………………………… 120
  「現在の標準的な貿易理論としてヘクシャー・オリーンの定理と呼ばれるものがあるそうですが，それはどのようなものですか？」
 15. 関税………………………………………………………… 125
 経済の気になる論点⑪…………………………………………… 128
  「保護貿易主義を擁護する論拠にはどのようなものがありますか？」
 経済の気になる論点⑫…………………………………………… 133
  「為替レートはどのような要因によって決定されるのですか？」
 経済の気になる論点⑬…………………………………………… 139
  「歴史的に見て，為替相場制はどのように変化しているのですか？」
 経済の気になる論点⑭…………………………………………… 148
  「米国はたびたび中国に対し，人民元の価値が低い水準に置かれているから平価切り上げを行うべきだと要求していますが，これはどういうことなのですか？」
 経済の気になる論点⑮…………………………………………… 152
  「単一通貨ユーロはどのような背景から生まれたのですか？　また，単一通貨にすることの経済学的な利点と問題点はどのようなものですか？」

第4章　英語で経済を読み解く

 Cooperation through voluntary exchange ……………………… 162
 Economic Justice ……………………………………………… 166
 Externality ……………………………………………………… 172
 What is globalization? ………………………………………… 176
 What is the green economy? …………………………………… 182
 The Bretton Woods system and Currency Crises …………… 188

出典一覧………………………………………………………………… 196
索引……………………………………………………………………… 197

■ 本書の効果的利用法 ■

1　全体の利用法

本書は次のような目的で学習される方々に特に効果的です。

(1) 経済学の概要を知りたい
　経済学という「大きな森」にいきなり挑むことは無謀です。最初に「大きな幹」だけでも押さえておくと，その後の学習がスムーズになります。経済学の核心的な部分を整理してある本書は，そのような方々に有効です。
(2) 経済学をビジネスに活かしたい
　2011年2月，アメリカの財務省が，中国のアメリカ国債保有残高が世界一となり，この保有高が増える傾向にあることを発表しました。これが何を意味するのかを理解するには，経済学における為替相場の知識が必要です。この例が示すように，ビジネスの現場では経済学の知識がますます必要になっています。本書はビジネスの場面で必要になる経済学の知識にも配慮しました。
(3) MBAを取得したい
　MBAの試験には経済学の知識が必須です。しかし，分厚い経済学の本を読むことには抵抗がある人もいるでしょう。経済学のエッセンスを説明してある本書はその導入になります。
(4) 経済・経営系の大学院に入りたい
　経済・経営系の大学院入試では，経済学や経営に関する関する英語の試験が課されます。そのような試験を受ける予定のある方々にとって，経済学の概要と英語の知識が同時に得られる本書は最適なものです。
(5) 大学での経済学の授業に役立てたい
　大学では1年あるいは2年かけて経済学を学びます。本書を利用して，経済学の全体的知識を前もって学習しておけば，大学の授業にも余裕をもって臨むことが可能になります。

2　本書の読み方 ──「用語解説」と「経済の気になる論点」

　本書は，「用語解説」→「経済の気になる論点」という段階的な配列になっています。したがって，理想的には最初から順番に学習することが望ましいのですが，「用語解説」も「経済の気になる論点」も，項目ごとの読み切りでも理解できるように書かれていますから，興味のあるところから読んでいただいても構いません。

3　解説中の英単語・表現の利用法

　英単語や英語表現をあわせて学習するために，解説文は英語混じりの日本文になっています。読み方は人によって異なると思いますが，私の勧める読み方は，最初に英語にこだわらずに日本文を読んで内容を把握し，次に青字の日本語と英語を意識しながら再度読み，最後に青字の日本語と英語だけを対応させて確認するという方法です。つまり，内容理解から語学レベルへと分けて読んでいくということです。ここで，「見えざる手」の一節を例に挙げて見てみましょう。

---

4. 見えざる手
an invisible hand

【定義】　各個人の自己利益の追求が，結果として社会の利益をもたらす「市場の働き」。

『国富論』が書かれた時代状況

　1776 年といえば，アメリカがイギリスの**圧政（tyranny）**からの自由を求めて独立宣言を行った年としてよく知られているが，この年は，道徳哲学者であり政治経済学者でもあったスコットランド人，**アダム・スミス（Adam Smith: 1723-90）**が『**国富論（An Inquiry into the Nature and Causes of the Wealth of Nations）**』を著した年でもある。

　スミスが『国富論』を著した理由は当時のイギリスの時代状況にある。18 世紀のイギリスは，国家から独占や特許を認められ，特権的地位を享受していた社会の上層階級（地主や富裕な商人など）と，近代資本主義の勃興とともに登場した新興の**製造業者（manufacturer）**，それと結び付いた市民階級，賃金労働者などの社会の中層・下層階級が対立していた。スミスは『国富論』で，後者の立場に立ち前者を批判する形で，国家はどのようにすれば富を蓄積し，国民の福祉を増進することができるかを論じたのである。そして，これを論じる中で，スミスは国の発展の内的な原動力となるものが「**利己心（selfishness）**」であり，それを調整する役割を持つものが「見えざる手」であると考えた。なお，「見えざる手（an invisible hand）」という言葉は，スミスの最初の著作『**道徳感情論（The Theory of Moral Sentiments）**』と『国富論』にそれぞれ1回ずつ出てくる。

第1章　経済学の基礎的理論・考え方

　まず，この部分を英語にこだわらずに読みます。次に，英語表現も対応させながら，例えば「圧政」と出てきたら tyranny と言うのだと確認して読みます。そして最後に，「圧政」と tyranny だけを見て，可能なら tyranny を発音し，そして紙に書いて覚えましょう。これと同じ作業を残りの manufacturer 以下の単語にも行う，という手順です。

4 「英語で知識を整理」の利用法

「英語で知識を整理」には，用語の定義やそれまでの解説のまとめを英語で示しています。まずはこの英語を読んでみましょう。そして，自分の力で意味を把握する努力をしてください。何回か読んでも意味がよくわからなかったら，日本文を参考にしてください。

なお，「英語で知識を整理」の英文は，著名な経済学者の言葉から引用したものと，著者が英文を作り，ネイティブスピーカーのチェックを経たものの2種類があり，出典についての言及がないものは後者に該当します。用語の定義にしても，学者によって内容はさまざまであり，必ずしも学者の書いた英文を示すことが学習の便になるとは限りません。そのような意味で，読者の皆さんが学びやすいよう，後者のようなやり方も採り入れました。

5 「意味を言ってみよう」の利用法

各項目の最後に「意味を言ってみよう」があります。これは，解説文中に青字で示した英単語や英語表現をまとめたものです。それらを見て，日本語の意味が言えるかどうか試してみてください。もし言えなければ，解説中の該当箇所に戻り，意味を再度確認してください。なお，英語の表現の中には，以下の例にある an invisible hand や win-win solution のように連語になっているものがあります。英語が実際に使われる現場では，連語の形が使われることが多いので，意識して連語で覚えるようにしてください。

意味を言ってみよう

- □ an invisible hand
- □ tyranny
- □ manufacturer
- □ selfishness
- □ self-preservation
- □ self-interest
- □ sympathy
- □ living creature
- □ benevolence
- □ win-win solution
- □ public interest
- □ security
- □ effectually
- □ participant
- □ price mechanism
- □ metaphor
- □ free trade
- □ intervention
- □ defence（米語では defense）
- □ justice
- □ public work
- □ public institution

6　第4章の利用法

　第4章には，経済学に関係する英文が6本掲載されています。本書は，読者の皆さんがいずれは自力で経済に関係する英文を読めるようになることを，最終的な目的としています。そのために，このような英文を紹介しています。今の段階では，これらの英文には太刀打ちできないという方もいるでしょう。しかし，自分が目標とすべき到達点という意味で，ぜひ挑戦してみてください。第1章から第3章までの解説部分に関係する英文もありますから，それを読んだ上で挑戦すれば，かなり理解しやすくなるはずです。解説部分に出てこないような内容を含む英文については，「英文を読むためのヒント」を参考にしてください。

　なお，参考までに述べておきますと，どんな分野でもそうですが，専門書を読む時は常に参照できる適切な事典をかたわらに置いておくことが大切です。ただし，あまりにも専門的な事典では余計に頭が混乱しますし，手軽すぎるのも参考になりません。学習者にちょうどよいものを見つけることが大切です。私が勧めるのは，次の事典です。

『岩波　現代経済学事典』（伊藤光晴編，岩波書店）

　この事典には巻末に欧文索引も付いているため，英語の用語から調べることができて便利です。また，説明も簡潔で要を得たものが多く，とりあえずの理解には有効であると思います。

第1章
経済学の基礎的理論・考え方

1. 稀少性
scarcity

【定義】 需要に対して資源が不足している状態。

稀少性は需要を前提

　一般に，経済学は稀少性と**選択（choice）**に関わる学問であると言われる。これはどういう意味だろうか。

　そこで，いま人々が欲しいものが無限にある世界を想像してみよう。そのような世界では，当然のことながら，すべての**資源（resources）**は**ただである（free）**から，人は資源を好きなだけ利用できる。だから，**資源を節約する（economize）**といった発想は生まれない。ところが現実はどうだろうか。人間の欲求は**無限である（unlimited）**が，資源は**限られて（limited）**いる。この「限られている」，つまり「稀少性」とは，正確にはどのような事態を指しているのか。例えば，ここに**産業革命（the Industrial Revolution）**時代に使用された非常に**珍しい（unique）**機械があるとしよう。これが稀少であることは明らかだ。だが，この機械を博物館もスクラップ業者も誰も欲しがらなければ，この機械は**経済学的な意味においては（in the economic sense）**稀少性を持たない。需要がなく，この機械には価格がつかないからだ。需要があることが稀少性の前提である。以上から，稀少性の経済学的な意味は次のようになる。

英語で知識を整理

Scarcity means any situation where demand for resources exceeds* the available* supply.

稀少性とは，資源に対する需要が入手可能な供給を超過しているいっさいの状況を意味する。

* exceed =（量的に）〜を超過する，available = 入手可能な，利用可能な

限られた資源の例

　ここで，若干，注意をしておこう。前ページの定義の「（限られた）資源」は，経済学的には財（good）やサービスと一括できるが，理解を広げるために，少し具体例を挙げてみよう。鉱物（mineral），材木（lumber），石油（petroleum）などの天然資源はもちろん資源である。水は，通常は入手が容易でただであるから，経済学的には意味を持たないが，急速に人口が増えたり，日照り（drought）などの自然現象のために水不足に陥っているような地域では資源になり得る。消費者であれば，その収入（income）は資源である。時間もまた資源である。人はみな1日24時間しか与えられていないからだ。このように資源には多様なものが含まれるが，通常，経済学で問題にされることの多い資源として，土地（land），労働（labor），資本（capital）がある。資本には機械や建物，その他の生産用資産（productive assets）だけでなく，労働者などの技能（skill）を含む人的資源（human resources）も含まれる。

稀少性と選択

　稀少性がある状況，つまり資源が限られている状況では，必ず選択がなされなければならない。この選択はいろいろなレベルで起こる。消費者の場合なら，その収入が限られているから，何を優先して買うべきかの選択を迫られる。つまり，自分の欲求（want）に優先順位をつけ（prioritize）なければならない。自動車が欲しいが，収入が少ないために，オートバイで我慢しなければならないこともあるだろう。企業（firm）なら，労働や資本という限られた資源をうまく選択して，生産性（productivity）をあげようと試みるだろう。政府であるならば，税収（tax revenues）が限られているため，税金を何に使うか，優先順位を決めなければならない。そして，このような選択は社会全体でも行われなければならないが，その選択がなされる場所は通常は市場経済（market economy）である。そして，市場経済が限られた資源をうまく配分できない場合には，政府が，例えば，配給（rationing）といったような形で介入することがある。

　以上のような稀少性の分析から，経済学の目的も自ずと明らかになった。経済学とは何か，最後にまとめておこう。

英語で知識を整理

Economics is the study of how societies use scarce resources to produce valuable goods and services and allocate* them among people.

経済学とは，社会がどのようにして稀少な資源を利用し，価値ある財とサービスを生産し，それらを人々に配分するかを研究する学問である。

* allocate = ～を配分する

意味を言ってみよう

- ☐ scarcity
- ☐ free
- ☐ limited
- ☐ unique
- ☐ available
- ☐ lumber
- ☐ income
- ☑ capital
- ☐ want（名詞）
- ☐ firm（名詞）
- ☐ market economy

- ☐ choice
- ☐ economize
- ☐ the Industrial Revolution
- ☐ in the economic sense
- ☐ good（名詞）
- ☐ petroleum
- ☐ land
- ☐ productive assets
- ☐ human resources
- ☑ productivity
- ☑ rationing

- ☐ resources
- ☐ unlimited
- ☐ exceed
- ☐ mineral
- ☐ drought
- ☐ labor
- ☐ skill
- ☐ prioritize
- ☑ tax revenues
- ☐ allocate

2. トレード・オフ
trade-off

【定義】 ある財やサービスをより多く得るために，他の財やサービスの減少を受け入れざるを得ない状況。

大砲とバター

アメリカ合衆国 34 代大統領**アイゼンハワー**（Dwight D. Eisenhower: 1890-1969）が 1953 年 4 月に行った演説の中に，次のような有名な一節がある。

「**大砲（gun）**を 1 つ作ること，**軍艦（warship）**を 1 回出撃させること，ロケットを 1 機打ち上げることは，結局のところは，そのたびごとに，飢えていながら食べられない人たち，寒さに凍えながら服がない人たちから 1 回**泥棒（theft）**をはたらくことを意味する。」

この一節は経済学的な意味での「トレード・オフ」を見事に言い表している。われわれはすでに財やサービスの稀少性について学習したが，稀少性のあるところでは，必ずトレード・オフに直面する。上にあげた演説の場合なら，国家の**予算（budget）**には限りがあるため，その予算の一部をある**目的（objective）**に使用すると，他の目的に使用する財源が必然的に減少するということである。国家が考慮しなければならない目的はたくさんあるが，ここでは簡単に「大砲」と「バター」だけにしておこう。前者は**軍事支出（military spending）**の，後者は**民需支出（civilian spending）**の比喩である。そして，限られた国家予算の中では，大砲だけ作るなら 100 万個，バターだけ作るなら 100 万トン作れると仮定しよう。この場合，国家が選択できる組み合わせの**可能性（possibility）**の一部を示すと，次のようなものになるだろう。

選択の可能性	大砲	バター
A	100 万個	0 トン
B	70 万個	30 万トン
C	50 万個	50 万トン
D	30 万個	70 万トン
E	0 個	100 万トン

選択の組み合わせ

　トレード・オフ自体は，どのような選択の**組み合わせ（combination）**をすべきかを教えてくれるものではない。トレード・オフに直面している当事者（個人，企業，政府）が自らの置かれた**状況（circumstances）**を考慮して，あることを増やすことによって得られる**利益（benefit）**とそれによって失われることになる**コスト（cost）**とを比較して決断しなければならない。例えば，テロ攻撃を受ける可能性が高い状況下にあっては，バターよりも大砲の製造を増やすほうが得策かもしれない。逆に，テロ攻撃を受けそうもない状況下ではバターの製造を増やすほうが賢明であろう。

トレード・オフの分類

　トレード・オフはさまざまな局面で起こるが，大きく分類すれば次の2つに分かれる。

●予算のトレード・オフ
　上に挙げた大砲とバターの例以外に，例えば，**自動車メーカー（car manufacturer）**が限られた予算の中で，安全な大型車を作るのか，それとも**燃費の効率性（fuel efficiency）**のよい小型車を作るのかといった局面がある。
●時間のトレード・オフ
　例えば，学生が試験前の限られた時間を経済学に多く費やすのか，それとも心理学に多く費やすのかといった場合である。

トレード・オフと限界分析

　次に，トレード・オフで注意すべき点を述べておきたい。トレード・オフに直面した時は，あることを増やすことによって得られる利益とあることを減らすことによって失われるコストを，**限界分析（marginal analysis）**によって決定する。例えば，試験前に経済学に心理学よりも1時間多く時間を使うと，どれだけの利益が得られ，どれだけのコストがかかるかを比較して判断することになる。このように限界量（単位当たりの増減）によって判断するのが近代経済学の特徴である。アイゼンハワー大統領の演説に1つとか1回という言い回しが出てくるのは限界分析を意味している。

では，最後にトレード・オフを英語でまとめてみよう。

英語で知識を整理

Trade-off means a situation in which having more of one good or service leads to having less of another good or service.

トレード・オフとは，ある財やサービスをより多く持とうとすると他の財やサービスの減少につながる状況を意味する。

意味を言ってみよう

- ☐ trade-off
- ☐ theft
- ☐ military spending
- ☐ combination
- ☐ cost
- ☑ marginal analysis
- ☐ gun
- ☐ budget
- ☐ civilian spending
- ☑ circumstances
- ☐ car manufacturer
- ☐ warship
- ☐ objective
- ☐ possibility
- ☐ benefit
- ☐ fuel efficiency

第1章 経済学の基礎的理論・考え方

3. 機会費用
opportunity cost

【定義】ある選択をしたためにあきらめた，別の機会に得られていたであろう利益や価値。

失われた機会も視野に

　例えば，ある農家が自分の土地に，米，**小麦（wheat）**，**そば（buckwheat）**のいずれをも**生産する（produce）**ことが可能な一定面積の土地を所有しているとしよう。そしてこの農家が，ある年にこの土地のすべてに年間 120 万円の収穫量を見込める小麦を植えることを選択したとしよう。その場合のコストには何が含まれるだろうか。

　普通の人なら，小麦を生産するのにかかる労働力，小麦の**種苗（seed）**を購入する費用などの**直接の費用（direct expenditure）**をコストとして掲げるだろう。だが，経済学的にはこれでは足りないのだ。この農家は小麦を植えることによって，米もしくはそばの栽培**をあきらめて（forgo）**いる。その**失われた機会 (lost opportunity)**に得られたであろう**価値（value）**を「機会費用」といい，これも計算に入れなければ，小麦を生産する**真の費用（true cost）**はわからないのである。ただ，留意しなければいけないのは，この場合の機会費用が，小麦の代わりに植えることが可能な代替作物のうちで最も価値のある作物の失われた利益を指すということだ。仮に，米を植えていれば年間 100 万円の利益が得られ，そばを植えていたならば年間 80 万円の利益を上げることが可能だとしよう。この場合，そばよりも米を植えていたほうがより多くの利益を上げることが可能だから，機会費用は 100 万円になる。したがって，この農家が小麦を生産する真のコストは経済学的には次のようになる。

小麦を生産する真のコスト
=
小麦を生産する直接の費用（労働力，種苗代など）
＋
機会費用 100 万円（米を植えていたら得られていたであろう利益）

以上を踏まえて，機会費用の正確な定義を英語で表してみよう。

英語で知識を整理

> **The opportunity cost means the value of the most valuable alternative* good or service that is forgone*.**
>
> 機会費用とは，あきらめられた最も価値ある代替の財もしくはサービスの価値を意味する。

* alternative = 代替の，forgone = forgo の過去分詞

定義で注意すべき点

　この定義で注意すべきことを2つ言い添えておく。1つ目は「最も価値ある」という限定がついている理由である。これは，現在の経済学の通説が経済主体（個人，企業，政府）を合理的存在と見なし，常に最も賢明な判断ができると想定しているからだ。2つ目は，機会費用は金銭的に計算できるものだけではないということである。例えば，政府が風光明媚（scenic beauty）で大勢の人の目を楽しませている原野（wilderness）に幹線道路（highway）を作る場合なら，それによって失われる美しい風景や清浄な空気も機会費用になり得る。

プロスポーツ選手と機会費用

　別の例を考えてみよう。プロのスポーツ選手はなぜ大学に行かない人が多いのか。これも機会費用の問題である。まず，大学に行く場合の直接の費用には何が含まれるだろうか。部屋代や下宿の食事（board）の代金は大学に行かなくてもかかるから，それらが通常よりも特別に高いものでない限り，コストには入らない。したがって，大学に行く直接の費用は授業料（tuition），書籍代，交通費（commuting cost）などの総計になる。しかし，大学に行くのにかかる真の費用はこれに機会費用を加えなければならず，それは彼らがプロの選手になれば得られるであろう収入である。技能が優秀な選手の場合には，この失われてしまう機会費用があまりにも大きいために，大学には行かず，プロ選手となることを選択する人が多いのである。

自営業者と機会費用

　経営者が無休で働き，年間 500 万円の利益を上げている<u>小企業（small business）</u>の場合はどうか。この場合の直接の費用（人件費）はゼロ，そして彼が自分の技能を最も有効に利用できる他の仕事に就いていれば 900 万円を稼ぐことが可能だとすれば，これが機会費用となる。この経営者は 900 万円稼ぐことが可能であったにもかかわらず，実際には 500 万円しか稼いでいないから，その差額 400 万円を失っていることになる。したがって，この小企業は経済学的には<u>儲からない（unprofitable）</u>企業なのである。

　以上の諸例からわかるように，機会費用とは直接目に見えないけれども，人や企業，そして政府が正しい決断を行う時には必ず考慮に入れなければならないものである。

意味を言ってみよう

☐ opportunity cost	☐ wheat	☐ buckwheat
☐ produce	☐ seed	☐ direct expenditure
☐ forgo	☐ lost opportunity	☐ value
☐ true cost	☐ alternative	☐ scenic beauty
☐ wilderness	☐ highway	☑ board
☑ tuition	☐ commuting cost	☐ small business
☐ unprofitable		

経済の気になる論点 ❶

イラク戦争（the Iraq War）の経済学的なコストはどれくらいだったのでしょうか？

Key points!
① 政府と議会の見積もりは低すぎる
② 見落とされた「隠れた費用（hidden cost）」
③ 機会費用を入れるとコストは膨大に

① 政府と議会の見積もりは低すぎる

2003年3月から始まり，2010年9月に終結したイラク戦争は，経済学的に見た場合，どのくらいのコストがかかったのだろうか。

イラク戦争を開始したブッシュ政権（the Bush administration）は，この戦争が早期に終わることを予想して500億ドルから600億ドルかかると見積もった。しかし，2008年の議会の報告（congressional report）によると，イラクとアフガニスタンでの一連の軍事行動に費やされた累積的総費用は7,500億ドルに達したという。これは1ドルを仮に80円で計算すると，60兆円になる。

しかし，経済学者スティグリッツ（Joseph E. Stiglitz: 1943-）とビルムズ（Linda J. Bilmes: 1960-）の2人は，ワシントンポスト紙の電子版に，戦争開始から5年目の2008年3月とオバマ大統領が戦争終結宣言した2010年9月に，イラク戦争のコストについて共同で論文を発表し，先に述べた議会の報告による7,500億ドルでも少なすぎるとしている。2人によると，政府や議会の計算は防衛予算（defense budget）の「目に見える」支出金だけを問題としており，この予算の「隠れた費用」を計算に入れていないというのだ。

② 見落とされた「隠れた費用」

2人が問題としている隠れた費用とは例えば次のようなものである。

● アメリカ政府は，若い兵士（soldier）が戦死した場合，生命保険（life insurance）と死亡慰労金を合算して50万ドルを支払っているが，これは交通事故（car accident）などの場合に保険会社が支払う平均的な金額よりはる

かに少ない。その差額は計算されていない。
● 兵士が障害（disability）を負った場合は，その障害手当は少なすぎて，兵士にとっても家族にとっても十分なものではない。足りない分は誰も補償してくれない。さらに，重傷を負った（seriously injured）兵士の場合，5人のうち1人の割合で，その家族の誰かが仕事をやめて兵士の看護をしなければならないが，その費用も計算に入っていない。

参考までに述べておくと，イラク戦争終結時点でのアメリカの戦死者は4,400人，負傷者は32,000人である。

スティグリッツとビルムズは，以上のような隠れた費用も計算に入れると，イラク戦争のコストは控え目な推測で3兆ドル，日本円にして240兆円になると言う。しかも，この3兆ドルには機会費用が入っていない。正確を期するために，2人の言葉を引用する。

英語で知識を整理

Our estimates* did not capture* what may have been the conflict's* most sobering* expenses: those in the category of "might have beens," or what economists call opportunity costs.

われわれの推定値はこの戦闘の，私たちの酔いをいっぺんにさましてくれる費用になり得たもの，つまり「ひょっとしていたら起こっていたかもしれない事柄」に分類される費用，換言するなら，経済学者の言うところの機会費用を記録していないのである。

*estimate = 推定値, capture = 〜を記録する, conflict = 戦闘, sobering = 酔いをさます，笑っては済まされない

③ 機会費用を入れるとコストは膨大に

では，2人が問題としている機会費用とは具体的にはどのようなものか。次のようなものが挙げられている。

- イラク戦争を始めなければ，アフガニスタンにおける戦闘にもっと力を注ぐことができていたであろうから，タリバン（the Taliban）が再支配することを実効的に防げたはずだ。
- イラク戦争開始時の石油価格（oil price）は1バレル25ドルだったが，2008年には140ドルまで高騰した。これはイラクの石油の生産が中断されたためだけでなく，世界で最大の石油供給地である中東（the Middle East）が戦争のために政治的に不安定になり，この地への投資（investment）が冷え込んでしまったためだ。石油価格の高騰は経済に壊滅的な影響（devastating effect）を与えたが，イラク戦争がなければ，このような悪影響は避けられたはずである。
- ブッシュ政権はイラク戦争の費用をすべて借入（borrowing）によってまかない，そのために連邦政府の借金（the federal debt）は2003年の6.4兆ドルから2008年（金融危機以前）の10兆ドルまで急騰した。この増加の少なくとも4分の1はイラク戦争が原因である。だから，イラク戦争が起こらなければ，国の借金はもっと少なくなっていたはずだ。
- 世界の金融危機（financial crisis）の一部はイラク戦争が原因である。石油価格が高騰したために外国からの石油購入に使われるお金が増え，その分だけアメリカ国内で経済を刺激するために使われるお金が減ってしまったからだ。また，イラクの請負業者に支払うお金は，アメリカ国内で教育や社会的基盤整備（infrastructure）やテクノロジーの開発に使用される場合と異なり，アメリカ経済にとって短期的刺激にも長期的刺激にもならない。こういった事情から，住宅バブル（the housing bubble）の崩壊の影響はより大きなものになってしまった。イラク戦争がなければ，バブル崩壊の被害はこれほど甚大ではなかっただろう。
- アメリカはイラク戦争にお金を使いすぎたために，本来なら国の借金や金融危機の後始末に使えるはずのお金が足りず，その結果，景気後退（recession）は長引き，生産活動（output）は相変わらず低く，失業率（unemployment rate）は高いまま，赤字（deficit）は大きなままであり，この状態は今後も長期にわたって続くと予測される。もしイラク戦争がなければ，国の経済や財政状態はこれほどひどいものにはなっていなかっただろう。

このような計算をした上で，スティグリッツらはイラク戦争にかかったコストは「3兆ドル＋機会費用」になるだろうと推定している。

　最後に，彼らは2010年9月のワシントンポスト紙に掲載された論文の締めくくりとして，次のような傾聴に値する言葉を述べている。

英語で知識を整理

It seems clear that without this war, not only would America's standing in the world be higher, our economy would be stronger. The question is: Can we learn from this costly* mistake?

この戦争がなければ，アメリカの世界での地位は今よりももっと高かったろうし，経済も今よりも力強いものであったであろうことは明らかなように思われる。問題は，われわれがこの高くついた間違いから学ぶことができるかである。

* costly = 高価な，高くついた

意味を言ってみよう

☐ the Iraq War	☐ hidden cost	☑ the Bush administration
☑ congressional report	☐ defense budget	☐ soldier
☐ life insurance	☐ car accident	☑ disability
☐ seriously injured	☐ estimate	☐ capture
☑ conflict	☐ sobering	☐ the Taliban
☐ oil price	☐ the Middle East	☐ investment
☐ devastating effect	☐ borrowing	☐ the federal debt
☐ financial crisis	☐ infrastructure	☐ the housing bubble
☑ recession	☑ output	☑ unemployment rate
☑ deficit	☐ costly	

4. 見えざる手
an invisible hand

【定義】 各個人の自己利益の追求が，結果として社会の利益をもたらす「市場の働き」。

『国富論』が書かれた時代状況

1776 年といえば，アメリカがイギリスの**圧政（tyranny）**からの自由を求めて独立宣言を行った年としてよく知られているが，この年は，道徳哲学者であり政治経済学者でもあったスコットランド人，**アダム・スミス（Adam Smith: 1723-90）**が『国富論（*An Inquiry into the Nature and Causes of the Wealth of Nations*）』を著した年でもある。

スミスが『国富論』を著した理由は当時のイギリスの時代状況にある。18 世紀のイギリスは，国家から独占や特許を認められ，特権的地位を享受していた社会の上層階級（地主や富裕な商人など）と，近代資本主義の勃興とともに登場した新興の**製造業者（manufacturer）**，それと結び付いた市民階級，賃金労働者などの社会の中層・下層階級が対立していた。スミスは『国富論』で，後者の立場に立ち前者を批判する形で，国家はどのようにすれば富を蓄積し，国民の福祉を増進することができるかを論じたのである。そして，これを論じる中で，スミスは国の発展の内的な原動力となるものが「**利己心（selfishness）**」であり，それを調整する役割を持つものが「見えざる手」であると考えた。なお，「見えざる手（an invisible hand）」という言葉は，スミスの最初の著作『**道徳感情論（*The Theory of Moral Sentiments*）**』と『国富論』にそれぞれ 1 回ずつ出てくる。

利己心と「同感」の作用

一般に利己心というと，良くないこと，悪いことというイメージがあるが，スミスはそのような捉え方をしない。人間には生まれながらにして**自己保存（self-preservation）**や**自己利益（self-interest）**の追求といった利己心が備わっており，それを抑圧するのではなく，それを活かすことが自然であると考えた。しかし，利己心は時に暴走し，犯罪などにつながり，社会の秩序を乱すもともなりかねない。これについては，スミスは『道徳感情論』の冒頭で，人間はきわめて利己的であると考えられるが，人間の本性には明らかに別の原理があって，それは，

他人の幸福を自分にとって必要なものと考え，他人の不幸を自分の不幸のように感じる同感（sympathy）の作用である，と述べている。スミスは，同感には個人と個人の自己利益の衝突を緩和する「見えざる手」のような働きがあると見ていた。

利己心と「見えざる手」

『国富論』において，スミスは，市場経済の中で利己心と「見えざる手」がどのように働くかを述べている。『国富論』の第1篇第1章でスミスは利己心についてこう述べている。

「他のほとんどの動物はどれも，ひとたび大人になると，完全に自立し，その本性からして，他の生き物（living creature）の助けを必要としない。ところが人間は，いつもと言っていいほど，仲間の助けを必要としている。だが，その助けを仲間の慈悲（benevolence）に期待することは無駄である。（中略）私の欲しいものをください，そうすればあなたが欲しいものをあげましょう，というのがこういった申し出のすべての意味なのだ。」

以上のように述べた後，スミスは次のように述べる。英文で紹介しよう。

英語で知識を整理

It is not from the benevolence of the butcher, the brewer, or the baker that we expect our dinner, but from their regard to their own interest.

われわれが夕食を得ることを期待できるのは，肉屋や酒屋やパン屋の慈悲によるものではなく，彼らが自己利益を大切にしていることによる。

要するに，スミスは，現代風に言うなら，商取引というものは，互いの自己利益を尊重した「双方に有利な解決策（win-win solution）」を求めるのが本来の姿であると言っているのだ。

そして，問題の「見えざる手」についての記述は，第4篇第2章（表題は「国

内で生産できる物を外国から輸入する場合の制限について」）に出てくる。

「実際のところ、すべての個人は、**公共の利益（public interest）**を増進する意図など持っていないし、またどの程度自分が一般の利益を増進しているかも知らない。外国産業よりも国内産業を支持するのは、ただ自分の**安全（security）**を意図しているからだ。そして、国内産業を、その生産物が最大の価値を生むような方法で運営するのは、自分自身の利益だけを意図しているからだ。だがこの場合、彼は他の多くの場合と同じように、見えざる手に導かれて（led by an invisible hand）、彼の意図ではまったくないところの目的を促進することになる。だが、それが彼の意図ではないからといって、その分だけ社会にとって不都合になるとは必ずしも言えない。彼は自分自身の利益を追求することにより、社会の利益を促進しようと心から意図する場合よりも、社会の利益をより**効果的に（effectually）**促進できる場合が多いのである。」

この部分の原文の英語はやや複雑なので、易しい英語で「見えざる手」を言い表すなら、次のようになるだろう。

英語で知識を整理

Participants* in market exchange almost always act selfishly, but they are led by an invisible hand to promote social good, without knowing it and without intending it.

市場での交換に参加する人々は、ほとんどいつも利己的に行動するが、彼らは見えざる手によって導かれ、知らずに、そして意図せずに、社会の利益を増進する。

＊ participant＝参加者

「見えざる手」は何の隠喩？

ここでスミスが言う「見えざる手」とは何か。それは市場の働き、もっと端的に言うなら市場の「**価格メカニズム（price mechanism）**」だ。例えば、売り手が自己利益のために、自分の生産物に過大な価格をつけた場合、それを欲しがる人は少なくなるから、その価格は自然に下落し、やがては多くの人がその生産物

を購入できるようになる。このように，価格メカニズムは資源の過不足を調整し，社会全体の福祉を増進する機能を持つ。スミスは，この機能を「見えざる手」という隠喩（metaphor）で表したのである。

「見えざる手」と自由競争

しかし，この「見えざる手」が機能するには，市場での競争が自由でなければならない。自由競争をおさえる独占や特権が存在するところでは，利己心は「見えざる手」の力を借りて，社会の福祉を達成することはできない。そのような観点から，スミスは当時イギリス政府がとっていた一部の有力な商人たちに独占権や特許を与える政策に強く反対し，また国際間の自由貿易（free trade）を阻害する輸入禁止や高い関税に反対したのである。

国家の介入 ── 自由競争の例外

ついでに述べておくと，自由競争を重視するスミスの考えからは，政府の国民生活への介入（intervention）も最小限のものになる。スミスが国家の義務として介入を認めているものは3つ，すなわち，他の国家の暴力や侵略からの防衛（defence），国民を相互の不正と抑圧から守るための司法（justice），個人の力では成し遂げることができない公益事業（public work）や公共機関（public institution）の建設である。

意味を言ってみよう

- □ an invisible hand
- □ tyranny
- □ manufacturer
- □ selfishness
- □ self-preservation
- □ self-interest
- □ sympathy
- □ living creature
- □ benevolence
- □ win-win solution
- □ public interest
- □ security
- □ effectually
- □ participant
- □ price mechanism
- □ metaphor
- □ free trade
- □ intervention
- □ defence（米語では defense）
- □ justice
- □ public work
- □ public institution

5. 市場・市場メカニズム
market, market mechanism

【定義】
- 市場：売り手と買い手が財やサービスを交換する場。
- 市場メカニズム：市場における需要と供給の相互作用を通して価格が決定される仕組み。

経済学3つの問い

どのような社会であっても，資源の適正な配分に関し，次のような3つの経済学上の問いに答えなければならない。

1. what（何が）：どのような財とサービスが生産されなければならないか。
2. how（どのように）：財やサービスはどのように生産されなければならないか。
3. who（誰が）：誰がどの程度生産し，誰がどの程度消費するのか。

経済体制の種類

これらの問いに対する決定を誰が行うかによって，社会の経済体制は，市場経済と中央計画経済（centrally planned economy）と混合経済（mixed economy）の3つに分かれる。市場経済は企業と家計（household）が市場を通して決定する。中央計画経済では中央の政府が決定する。混合経済では，原則として企業と家計が市場を通して決定するが，一部の分野では中央政府（central government）が介入する（intervene）。日本やアメリカ，ヨーロッパの自由主義諸国では，政府が決定に介入することがあるので，厳密には混合経済のはずだが，その介入が例外的なことから，一般には市場経済とか自由経済（free economy）と呼ばれている。

市場の意味と種類

ここでは説明の便宜上，市場経済における市場を扱う。

市場というと，築地の魚河岸市場や競り市（auction house）のような売り手と買い手が一か所に集まって売買を行う物理的な場所（physical location）を連想しがちであるが，経済学における市場はそのようなものだけに限定されない。財やサービスの潜在的な（potential）売り手とそれらを購入しようとする

潜在的な買い手が互いに接触し，かつ交換手段（means of exchange）が利用できる場合はいつでも市場は成立する。その意味で，通信技術の発達によって生まれたインターネット上で行われる電子商取引（e-commerce）なども，経済学的には市場である。

　市場は，あずきや金（gold）など単一の商品（commodity）を扱う市場を指すこともあるし，扱う商品の種類がもっと一般的な市場を指すこともある。後者の例としては，消費財市場（consumer goods market），土地や労働などを含む生産要素市場（factor of production market），資本市場（capital market）などがある。

　経済学的に重要な市場としては，財やサービスを扱う市場だけでなく，株式（stock）や債券（bond），外国為替（foreign exchange），不動産担保付債務証券（mortgage）などの金融資産（financial assets）を扱う市場がある。

市場の定義

　以上を踏まえて市場を英語で定義すれば，次のようになるだろう。

英語で知識を整理

> A market is an area in which goods and services are exchanged between sellers and buyers.
>
> 市場とは売り手と買い手の間で財とサービスが交換される場である。

　一般的には市場は上のように定義される（「場」に重点を置いた定義である）ことが多いが，アメリカの経済学者**サミュエルソン**（**Paul A. Samuelson: 1915-2009**）は市場を，その「働き」を重視して，次のように定義している。

英語で知識を整理

A market is a mechanism through which buyers and sellers interact to determine prices and exchange goods, services, and assets.

市場とは，それを通して，売り手と買い手が相互にやりとりをして，価格を決定し，財，サービス，資産を交換するメカニズムである。

サミュエルソンの定義は，市場＝市場メカニズム，と見ていることがわかる。アダム・スミスはここに説明されているような市場メカニズム，もっと突き詰めれば価格メカニズムを「見えざる手」と呼んだ。「見えざる手」はしばしば「神の見えざる手（God's invisible hand）」などと言われることがあるが，この言い回しには何か魔法とか**奇跡（miracle）**のような響きがある。しかし，市場においては，財やサービスの価格と量は市場の**内在的論理（internal logic）**によって決定されるのであって，決して魔法や奇跡ではない。では，その内在的論理とは何だろうか。

完全競争と需給の調整

主流の経済理論によれば，市場における競争は**完全競争（perfect competition）**になる。それは，市場には売り手と買い手が自由に参加でき，そのため売り手と買い手の数は膨大なものになり，誰も個人レベルで価格の決定過程に**過大な影響（undue influence）**を与えることができないと考えられているからだ。次に，主流の経済理論は，市場に参加する者は**合理的に行動し（act rationally）**，すべての情報を入手できることを前提にしている。するとどうなるか。例えば，消費者の**嗜好（preference）**の変化によって，日本酒があまり好まれず，焼酎が好まれるようになったとする。その結果，焼酎は不足するから焼酎の価格は上昇する。これをそのまま放置すると，消費者は価格上昇を嫌い，焼酎の購入を控えることになる。しかし，生産者は情報を入手し，合理的に行動できるから，この価格上昇を**シグナル（signal）**として受けとめ，焼酎の供給を増やし利益を拡大しようとする。すると，しばらくして焼酎の価格は下がり，適正

な価格のところで落ち着く。この例が示すように，需要と供給は市場の価格の変動を通して内在的に調整されるのである。価格がシグナルの働きをして生産者や消費者の意思決定に影響を与えていることが特に重要である。

現実の市場は完全競争ではない

　主流の経済理論によると，生産を**最終的に支配している者（ultimate ruler）**は個々の**消費者（consumer）**である。消費者はまさしく王様なのだ。消費者は自らの所得を，市場で入手可能な財やサービスに配分することによって，生産者を支配している。消費者のこのような行為は，政府の政治的決定に影響を与える市民の行動と似ていることから，消費者はしばしば市場経済において**投票者（voter）**の役割を果たしているとも言われる。しかし，現実には多くの消費者はそのような実感を必ずしも持っていない。実際の市場は必ずしも完全競争にはなっていないし，すべての人が入手可能な情報を手に入れられるわけではない。どうやら，主流の経済理論には無理があり，是正する必要がありそうなのだ。この点は現代の経済学において重要な論点なので，後で触れることにしたい。

意味を言ってみよう

- □ market
- □ market mechanism
- □ centrally planned economy
- □ mixed economy
- □ household
- □ central government
- □ intervene
- □ free economy
- □ auction house
- □ physical location
- □ potential
- □ means of exchange
- □ e-commerce
- □ gold
- □ commodity
- □ consumer goods market
- □ factor of production market
- □ capital market
- □ stock
- □ bond
- □ foreign exchange
- □ mortgage
- □ financial assets
- □ miracle
- □ internal logic
- □ perfect competition
- □ undue influence
- □ act rationally
- □ preference
- □ signal
- □ ultimate ruler
- □ consumer
- □ voter

6. 均衡
equilibrium

【定義】 需要と供給が一定の価格で同量になり，釣り合いが取れている状態。

需要と供給が均衡

『明鏡国語辞典』では，「均衡」を次のように定義している。

「2つまたはそれ以上の物事の間で，力や数量などが釣り合いが取れていること。」

経済学における均衡もほぼこれと同義だが，通常，経済学では，市場メカニズムの中で達成される需要と供給の間の均衡を指す。すなわち，市場においてある価格で売りに出された商品の供給が，その価格で買い求める需要と一致している状態を均衡という。理解を助けるために，ある自動車メーカーの小型車が価格75万円，台数20万台で均衡状態に達している場合を想定し，この状態を**需要曲線（demand curve）**と**供給曲線（supply curve）**で図示してみよう。

図1

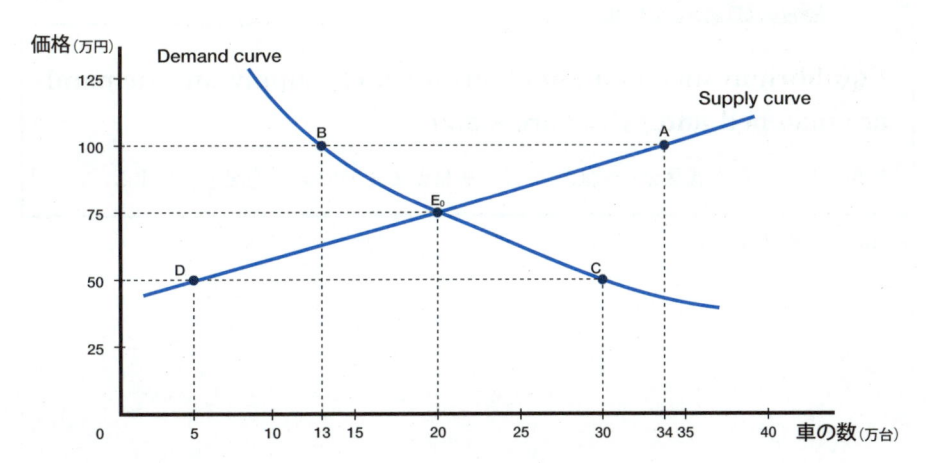

均衡点は利害の一致点

　図1ではE₀において均衡が達成されている。この場合，**垂直軸（vertical axis）**の75万円が**均衡価格（equilibrium price）**と呼ばれ，**水平軸（horizontal axis）**の20万台が**均衡量（equilibrium quantity）**と呼ばれている。この図で大切なことは，75万円という価格と20万台という量においてのみ，つまり均衡点においてのみ，供給者と需要者が互いに**満足する（feel satisfied）**状態になっているということだ。仮に，価格が低くなって50万円になったとする。すると自動車メーカーである**供給者（supplier）**はこの価格ではそれほど満足せず，生産台数を5万台（図1のD）に減らすが，その一方で，低価格を歓迎する消費者は購入数を30万台（図1のC）まで増やす。逆に，価格が上昇して100万円になったとすると，供給者はこれに満足して生産台数を34万台（図1のA）に増やすが，消費者はこの高価格では満足せず，13万台しか購入しない。供給者と需要者が互いに満足し，利害が一致するのは，75万円，20万台という均衡点だけなのだ。供給者も需要者もこの均衡点をずらしたいと思う誘因はない。もっと平たく言うと，供給者も需要者も，新しい行動を起こしたとしても，これ以上自分自身に利益をもたらすことはできないと思っている地点が均衡点なのである。この点を踏まえて，経済学における均衡**を定義する（define）**英文を2つ紹介する。

英語で知識を整理

Equilibrium means a situation in which supply and demand are matched and prices are stable*.

均衡とは，供給と需要が一致していて，価格が安定的である状況を意味する。

＊ stable = 安定した

> **英語で知識を整理**
>
> **Equilibrium means a situation where there are no forces (reasons) for change.**
> 均衡とは，変化を促す力（理由）がない状態を意味する。

この2つの**定義(definition)**のうち，前者は一般的によく見られる定義であり，後者はスティグリッツの定義である。

均衡点の移動

次に，均衡点の**移動（shift）**について述べる。

供給と需要の**条件（condition）**に変化がなければ，最初の均衡点はそのままの状態にとどまろうとする。しかし，実際の市場はダイナミックであるから，供給や需要の条件に変化が生じると，均衡状態が崩れて**不均衡（disequilibrium）**になり，新しい均衡に向かおうとする。例えば，先ほどの小型車が**環境に優しい（eco-friendly）**車であるとし，政府がこのエコカーを購入する消費者に1台につき20万円の**補助金（subsidy）**を拠出すると仮定しよう。すると，この車を購入したいと思う消費者は増えるから，需要曲線そのものが右上に移動する。そして，供給と需要は新しい均衡点 E_1（85万円，25万台）において一致するのである（図2）。供給曲線が移動することもある。例えば，自動車の原材料費が安くなったためにメーカーが供給を増やすと，供給曲線は右下に移動し，E_2（60万円，27万台）が新しい均衡点になる（図3）。

図2

価格(万円) / 車の数(万台)
Demand curve, Supply curve, New demand curve
points: B(13,100), A(34,100), E₀(20,75), E₁(25,85), D(5,50), C(30,50)

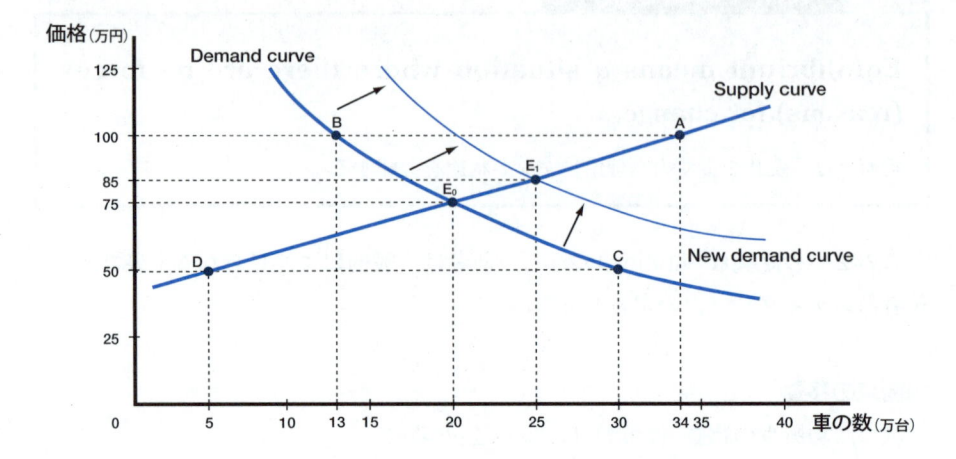

図3

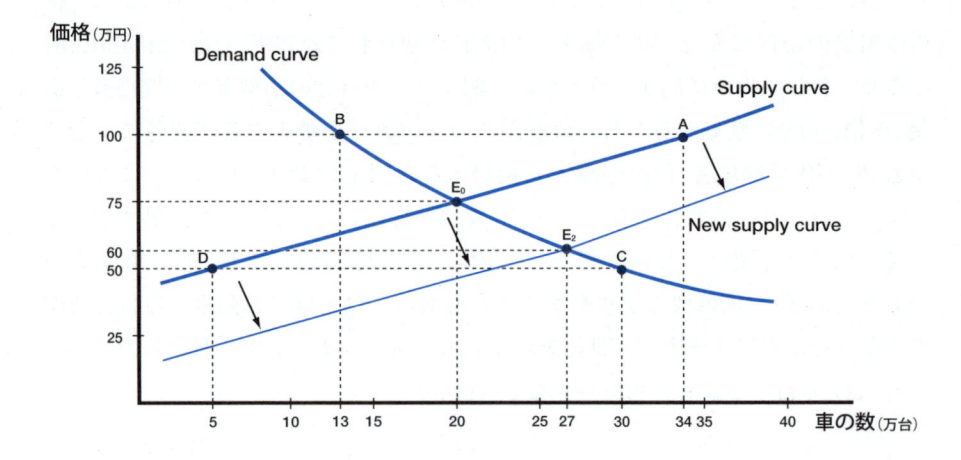

価格(万円) / 車の数(万台)
Demand curve, Supply curve, New supply curve
points: B(13,100), A(34,100), E₀(20,75), E₂(27,60), D(5,50), C(30,50)

均衡は何に役立つのか

　以上のような均衡という概念は，われわれの経済生活においてどのような**意義（significance）** を持っているのだろうか。

　まず，市場の動向が**予知可能に（predictable）** なるということだ。先ほどの例で，政府がエコカーの購入に補助金を出すと発表したなら，メーカーは新しい均衡点**を予知して（predict）** 供給を増やすことができる。逆に，補助金が期限

付きであるなら，その期限が過ぎれば，均衡点は以前に戻るか，それよりももっと低い点に下がると予知できる。だから，メーカーは自動車の生産を減らすことになるだろう。また，石油価格が何らかの事情で値上がりしても，通常なら，しばらくすれば値下がりして新しい均衡点に達すると予知できる。

均衡点と労働市場

また，均衡という考え方は，一見理解しがたいような供給と需要の関係を分析する（analyze）場合にも役に立つ。サミュエルソンが出している例だが，アメリカでよく議論される問題として移民（immigration）と賃金率（wage rate）の関係がある。具体的に言うと，例えば，カリフォルニア地区への移民者はその地域に住む人々の賃金を下げる（lower）のではないか，という問題だ。この場合は，労働量が増えるから，労働の供給曲線は右に移動し，均衡点は E_0 から E_1 に下がり，賃金は安くなるはずである（図4）。しかし，調査によると，移民者（immigrant）が増えても実際には賃金はほとんど下がらない。

その理由の1つとして考えられるのは，アメリカの労働市場における地理的移動性（geographical mobility）である。アメリカでは人々は特定の場所にこだわらず，仕事があるところなら，遠くであっても移動する傾向が高い。カリフォルニアに到着した移民者も，仕事の多い地域や経済が活発な地域に移動する。その結果，移民者による労働力の増加はカリフォルニアの住民の賃金にほとんど影響を与えない。これを均衡の考え方で説明すると図5のようになる。つまり，この例では供給曲線も需要曲線もともに移動し，新しい均衡点 E_2 は前の均衡点 E_0 と賃金の高さはほぼ同じになるのである。

図4 移民だけを考えた場合

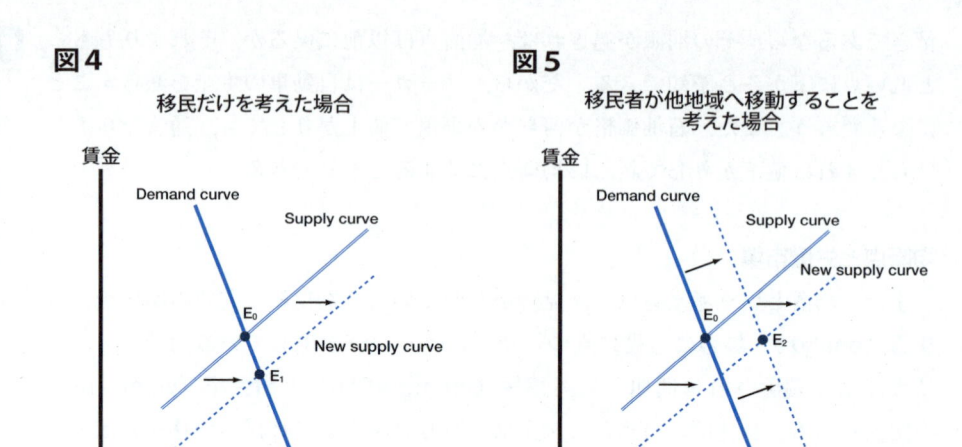

賃金／労働量。Demand curve, Supply curve, New supply curve。E_0 から E_1 へ。

図5 移民者が他地域へ移動することを考えた場合

賃金／労働量。Demand curve, Supply curve, New supply curve, New demand curve。E_0 から E_2 へ。

均衡の種類

最後に均衡の種類について述べておく。車や労働といった特定の財やサービスだけを抜き出して捉えた均衡を **部分均衡（partial equilibrium）** と言う。それに対して，経済全体のすべての市場の価格と生産量が均衡していることを **一般均衡（general equilibrium）** と言う。一般均衡は失業問題や国民の所得などを論じる場合にきわめて重要な概念である。

意味を言ってみよう

- ☐ equilibrium
- ☐ demand curve
- ☐ supply curve
- ☐ vertical axis
- ☐ equilibrium price
- ☐ horizontal axis
- ☐ equilibrium quantity
- ☐ feel satisfied
- ☐ supplier
- ☐ define
- ☐ definition
- ☐ stable
- ☐ shift
- ☐ condition
- ☐ disequilibrium
- ☐ eco-friendly
- ☐ subsidy
- ☐ significance
- ☐ predictable
- ☐ predict
- ☐ analyze
- ☐ immigration
- ☐ wage rate
- ☐ lower
- ☐ immigrant
- ☐ geographical mobility
- ☐ partial equilibrium
- ☐ general equilibrium

経済の気になる論点 ❷

ソ連が崩壊した経済的理由にはどのようなものが考えられますか？

Key points!
① ソ連とマルクス
② 労働価値説（the labor theory of value）
③ ソ連崩壊の経済的理由
④ ソ連崩壊の他の理由
⑤ マルクスの理想と現実の差

① ソ連とマルクス

ソ連（the Soviet Union，正式名は「ソビエト社会主義共和国連邦」）は1917年のレーニン（Nikolai Lenin: 1870-1924）によるロシア革命を経て，1922年から1991年12月31日に崩壊する（collapse）まで存続した，世界で最初の共産主義体制の国家である。連邦内にはアルメニア，エストニア，ロシア，ウクライナ，ウズベキスタンなど15の連邦構成国が存在し，1991年の崩壊時における連邦内の人口は2億9300万人であった。

この巨大なソ連がなぜ崩壊したのか。ここでは主に経済的理由を考える。

経済的理由を考える前提として，この国家の特質に触れなければならない。周知のように，ソ連はマルクス（Karl Marx: 1818-83）の政治経済的理論にレーニンが独自の解釈(interpretation)を加えて建設された国家である。マルクスは，ドイツやイギリスなどにおいて，産業化（industrialization）がもたらす経済的・社会的混乱を目にし，正統的経済学者が信奉している資本主義的な自由企業体制（free enterprise system）に疑問を抱くようになった。そして，大英博物館(the British Museum)に通いつめ，政治経済に関する文献を読みあさり，彼の主要著書である『共産党宣言（*The Communist Manifesto*）』（1848年）や『資本論（*Capital*）』（全3巻，最終巻1894年）をエンゲルス（Friedrich Engels: 1820-95）とともに完成させた。

これらの著書の中で，マルクスは，資本主義的な自由主義生産体制はその中に自らの崩壊の種を宿しているとし，その根拠の1つを彼の言う労働価値説に求めた。

② 労働価値説

　労働価値説はアダム・スミスや**リカード（David Ricardo: 1772-1823）**がすでに述べているもので，商品の価値はその商品の生産に投入された労働量（労働時間）によって決定されるという理論だ。鉛筆を作るよりも万年筆を作るのに20倍労働力が必要なら，万年筆の価値は鉛筆よりも20倍高いものとなる。ところが，マルクスは，アダム・スミスやリカードと違って，労働価値説を一般の商品ばかりでなく労働力にも適用し，労働力という商品の価値（つまり賃金）は労働時間に依存するとした。例えば，労働者が12時間働いたなら，12時間分の賃金がもらえるのが当然なのだ。だが，実際には**雇い主（employer）**である資本家は8時間分しか支払わず，4時間分を**剰余価値（surplus value）**として**搾取する（exploit）**。そして，剰余価値への飽くことなき渇望は，**私有財産制度（private property system）**と**富の追求（pursuit of wealth）**が結び付いていることに原因があり，このために**資本主義的蓄積（capitalist accumulation）**がますます進行する。やがて生産資源（土地・労働力・資本）は少数者が**独占し（monopolize）**，その結果，生活のための手段として労働力という商品を売るほかない大量の**プロレタリアート（the proletariat）**が生み出される。だが，資本主義が高度に発達するにつれ，労働者はその結束を組織化してより強固なものにしていくから，ついには**革命（revolution）**を起こし，少数者から**生産手段（the means of production）**を奪い取るようになる。それは歴史の必然である。

　階級対立（class conflict）によって歴史が発展していくというマルクスの考えは，ドイツの哲学者**ヘーゲル（Georg Wilhelm Friedrich Hegel: 1770-1831）**に負うところが大きい。新興の**ブルジョアジー（the bourgeoisie）**が封建的な**貴族制（aristocracy）**を倒しても，歴史はそれで終わったわけではなく，今度は新興ブルジョアジーが労働者階級の挑戦を受けることになる。歴史はそういった繰り返しだというのだ。これをマルクスはある著書の中でこう述べている。

英語で知識を整理

The history of all hitherto* existing societies is the history of class struggles*.

これまで存在するすべての社会の歴史は，階級闘争の歴史である。

* hitherto = これまで，class struggle = 階級闘争

そして，マルクスは，労働者にとっての**理想郷（utopia）**である**共産主義（communism）**は次のような過程を経て実現され得ると考えていた。

1. 資本主義の**転覆（overthrow）**
2. 中間段階である**社会主義（socialism）**
   国家が一時的にプロレタリアートの利益のために働く。
3. 共産主義の実現
   この段階では**私有財産（private property）**が完全に廃止され，階級の区別もなくなり，平等に暮らせる理想郷が実現し，やがては国家も消滅する。

③ ソ連崩壊の経済的理由

しかし，ソ連においては，以上のようなマルクスの考えは実現しなかった。その経済的理由としてよく挙げられるのが次の2つである。

●必要な情報を集めることができなかった

自由経済にあっては，何を，どのように，誰のために生産するかという問題は，市場価格に反映される情報が手掛かりになるが，ソ連では中央政府がこの3つを決め，政府の命令を受けた担当者はただそれを実行した。だが，いかに優秀な**統計学（statistics）**のスタッフをそろえても，適切な決定を行うことはできない。例えば今，新しい**鉄道（railroad）**の建設計画が持ち上がっているとしよう。この場合，そもそもこの鉄道は建設されるべきなのか。鉄道よりも橋を造ること，電気を生産するダムを造ること，あるいは新しい**油田（oil field）**を掘削するほうが**緊急な（urgent）**問題ではないか。仮に，鉄道を建設することが決

まったとしても，どこに，誰のために，どのように建設されるべきなのか。このようなありとあらゆる可能性をすべて中央政府が考察することは不可能なのだ。なぜなら，土地や労働や資本といった稀少な生産資源を効率的に使用するには，それらの**相対的な価値（relative value）**を知らなければならないが，それを教えてくれるのは市場の価格だけであるからだ。このように中央政府が必要な情報を集めることができなかったことにつき，アメリカの経済学者**マンキュー（N. Gregory Mankiw: 1958-）**は次のような巧みな表現で表している。

英語で知識を整理

Central planners failed because they tried to run the economy with one hand tied behind their backs —— the invisible hand of the marketplace.

中央計画立案者たちは失敗した。その理由は，市場の見えざる手という片手を背中に縛りつけて経済を動かそうとしたからだ。

● インセンティブが欠如していた

インセンティブ（incentive, 誘因）とは，人の行動を変えることにつながる**報酬（reward）**のようなものをいう。よい成績を取った学生に与える先生のほめ言葉もインセンティブだ。では，それがどのように欠如していたのだろうか。

まず，個々の労働者である。彼らは失業する心配はなかったが，自分の**適性（aptitude）**とは無関係に仕事を与えられ，報酬も**業績（performance）**とは無関係であった。これでは，労働者はやる気は起きず，必要最低限の仕事をするだけである。

次に企業である。各企業は政府から生産の**割り当て（quota）**を与えられた。もしある年度にこの割り当てを超えて生産すると，翌年度には割り当てが増やされたが，国としての資源配分がうまくいかず慢性的物不足であったために，生産に投入される**原料（raw materials）**は必ずしも増やされなかった。そのために，企業はむしろ割り当てを超えないで生産しようとする逆方向のインセンティブを与えられていたのである。

さらに，**イノベーション（innovation）**や**成長（growth）**へのインセンティ

ブも欠けていた。資本主義的経済なら，**企業家（entrepreneur）**は利益への欲望や投資への見返りなどに動機づけられて，労働力の生産性を高めるために**革新的な努力（innovative effort）**をする。だが，計画経済ではそのようなインセンティブは働かなかった。

④ ソ連崩壊の他の理由

ソ連の経済システムが非効率的であった理由は他にもある。マルクスは社会主義的国家がどのように組織されるべきかに関してはほとんど述べていなかったが，レーニンの考えに基づき，国家の**意思決定（decision-making）**はごく少数のエリート層に集中され，国民の政治的活動は厳しく制限され，何事においても**力（force）**に依存する面が強かった。そのために，国民の生活は単調なものになり，自らの創意工夫を発揮する機会が与えられず，**アルコール中毒（alcoholism）**になる者も多く，労働者は文字通り労働から**疎外（alienation）**されたのであった。マルクスは疎外は資本主義的経済の下で起こると言ったのだが，皮肉なことに社会主義的経済体制の下で起こったのである。なお，確認のために，マルクスが疎外について述べている部分を下に引用しておく。

> 🖊 **英語で知識を整理**
>
> The alienation of the worker in his product means not only that his labor becomes an object, take on its own existence, but that it exists outside him, independently, and alien* to him....
>
> 労働者が生産物から疎外されるとは，単に彼の労働が１つの事物になり，それ自身の存在を獲得するという意味だけではなく，労働が独立して彼の外に存在し，彼から遊離するという意味でもある…。

＊ alien = なじみのない，遊離した（alienation の形容詞形）

⑤ マルクスの理想と現実の差

かつてマルクスは，資本主義から共産主義への移行を次のように表現した。

英語で知識を整理

From each according to his ability, to each according to his needs.

各人の能力に応じてから，各人の必要性に応じて。

つまり，マルクスは，共産主義が実現された暁には，弱者が切り捨てられることなく，すべての人はその必要性に応じて物資が配分される，つまり稀少性の問題は克服されると見ていたのである。しかし，実際のソ連では，「赤い貴族」と呼ばれる一部の共産党の役人（official）が贅沢を享受する一方で，一般の労働者はぎりぎりの生活必需品（necessities of life）を手に入れるのに，長い列に並ばなければならなかった。ここには，マルクスの描いた理想とは程遠い現実があった。

意味を言ってみよう

- [ ] the labor theory of value
- [ ] the Soviet Union
- [ ] collapse
- [ ] interpretation
- [ ] industrialization
- [ ] free enterprise system
- [ ] the British Museum
- [ ] employer
- [ ] surplus value
- [ ] exploit
- [ ] private property system
- [ ] pursuit of wealth
- [ ] capitalist accumulation
- [ ] monopolize
- [ ] the proletariat
- [ ] revolution
- [ ] the means of production
- [ ] class conflict
- [ ] the bourgeoisie
- [ ] aristocracy
- [ ] hitherto
- [ ] class struggle
- [ ] utopia
- [ ] communism
- [ ] overthrow
- [ ] socialism
- [ ] private property
- [ ] statistics
- [ ] railroad
- [ ] oil field
- [ ] urgent
- [ ] relative value
- [ ] incentive
- [ ] reward
- [ ] aptitude
- [ ] performance
- [ ] quota
- [ ] raw materials
- [ ] innovation
- [ ] growth
- [ ] entrepreneur
- [ ] innovative effort
- [ ] decision-making
- [ ] force
- [ ] alcoholism
- [ ] alienation
- [ ] alien
- [ ] official
- [ ] necessities of life

経済の気になる論点 ❸

現在の経済学の主流の理論である合理的期待仮説（rational-expectations hypothesis）に対して批判がありますが，それはどのような理由からですか？

Key points!
① 合理的期待仮説とは
② フィリップス曲線（Phillips curve）
③ スタグフレーション（stagflation）
④ 合理的期待仮説の登場
⑤ サイモンの限定合理性（bounded rationality）

① 合理的期待仮説とは

　今，家を20年のローンで購入しようとしているとしよう。仮に不動産業者（realtor）が要求する頭金（down payment）が準備できていたとしても，それだけで家を購入することはない。これから20年間にわたって安定的に収入が得られるのか，購入した家の価格は値上がりするのかしないのか。こういった将来に関する期待を考慮に入れながら判断する。新聞やアイスクリームといった消費財（consumer goods）は別として，土地や家，金や株式といった資産（assets）を購入する場合は，将来に関する予測が非常に重要になってくる。そして，現在，将来予測に関して通説的な位置を占めている理論に「合理的期待仮説」と呼ばれているものがある。

　合理的期待仮説とは次のような理論だ。

「個人や企業などの経済主体（economic agent）は，経済理論や政府の行動を含む利用可能なすべての，そして偏りのない（unbiased）情報を入手する能力を持ち，その情報に基づいて意思決定することができる。」

　これを英語でもっと簡潔に表すなら，次のようになるだろう。

英語で知識を整理

Individuals and firms can make decisions optimally*, based on all available information.

個人や企業は利用可能なすべての情報に基づき，最適に意思決定を行うことができる。

* optimally = 最適に（optimal の副詞形）

② フィリップス曲線

　合理的期待仮説は，個人や企業に，すべての情報を入手し，最適な意思決定ができる能力があることを認める。これは，言葉を換えれば，個人や企業は**全能である（omnipotent）**ことを認めているということだ。これは一般の人にはにわかに賛同しがたい理論であろう。では，どうしてこのような理論が生まれたのか。その前提として，まずフィリップス曲線というものを説明しておこう。

　経済生活において人を困らせるものに**失業（unemployment）**と**インフレーション（inflation，以下，インフレと呼ぶ）**がある。インフレとは，景気回復期を除いた持続的な物価上昇を指す。では，失業とインフレはどのような関係にあるのだろうか。これを検証したのがニュージーランド出身の経済学者である**フィリップス（A.W.H. Phillips: 1914-75）**である。フィリップスは，英国の 1861 年から 1957 年までのデータに基づいて次のようなことを明らかにした。

英語で知識を整理

The lower the unemployment rate is, the higher is the rate of inflation. Conversely*, the higher the unemployment is, the lower is the rate of inflation.

失業率が低いほど，インフレ率（物価水準の上昇率）は高くなり，反対に失業率が高いほど，インフレ率は低くなる。

* conversely = 逆に

これを図で示したものが，次のフィリップス曲線である（図6）。

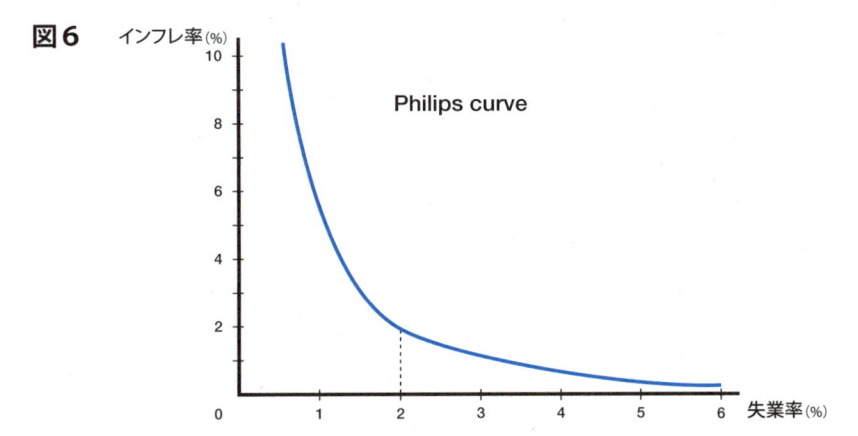

図6

インフレ率(%)

Philips curve

失業率(%)

この図では，水平軸が失業率，垂直軸がインフレ率を表す。失業率がある一定以下（図では2%のところ）まで減少すると，インフレ率が加速する(accelerate)。これはなぜだろうか。完全雇用（full employment）に近づけば近づくほど，労働不足（labor shortage）が起こり，それが，雇われている人の賃金を引き上げ，購買力（purchasing power）を高め，物不足を起こし，その結果，インフレ（物価の上昇）につながるからだ。逆に失業率が高くなると，雇われている人の数が減り，購買力が落ち，物が余り，その結果，インフレ率が下がる（物価が下落する）ことになる。

③ スタグフレーション

つまり，フィリップス曲線が意味していることは，失業とインフレとの間にはトレード・オフの関係が存在するということだ。つまり，失業率が高くなる景気後退期には，インフレ率は下がり，物価は下落する。このトレード・オフの関係は1960年代までの経済現象には妥当した。ところが，1970年代に入ると，妥当しなくなった。スタグフレーションという現象が生じたからである。スタグフレーションという言葉は「景気の停滞」を意味するstagnationとinflationの合成語で，「景気の後退と物価の上昇傾向が同時に存在すること」を意味する。フィリップス曲線によれば，失業が増え，景気が後退すれば，物価は下落傾向になる。スタグフレーションでは，失業が増え，景気が後退しても，物価の上昇が続く。したがって，フィリップス曲線ではスタグフレーションを説明できないの

である。では，スタグフレーションを経済学的にどう説明したらよいだろうか。それをうまく説明するために登場したのが合理的期待仮説である。

④ 合理的期待仮説の登場

この説は，マネタリスト（monetarist）と呼ばれる経済学者ルーカス（Robert E. Lucas: 1937-。1995年ノーベル経済学賞を受賞）やサージェント（Thomas J. Sargent: 1943-）などの経済学者が主張したものだ。

では，合理的期待仮説はスタグフレーションをどう説明したのか。

例えば，政府が景気を刺激する（stimulate）ために貨幣供給（money supply）を増やすと発表したとする。これを聞いた企業は，通常ならば，投資を行ったり，社員を増やしたりして，企業活動を拡大する好機だと思うだろう。そして，実際にそうすれば景気は回復に向かうであろう。ところが，合理的期待仮説によると，こうはならない。企業や個人は利用可能なすべての情報を入手できるから，その情報に基づき，インフレ（物価の上昇）が起こることを前もって合理的に期待し，企業はその商品の価格をつり上げ，労働組合（labor union）は物価の上昇を補うために賃金のつり上げを要求する。その結果，インフレはますます悪化し（worsen），経済成長は停滞したまま，つまりスタグフレーションの状態に陥る，というのである。

合理的期待仮説に従えば，政府の行う金融政策（monetary policy）は効き目がない（ineffective）という結論になる。つまり，金融政策無効論である。では，どうすればよいのか。ルーカスなどのマネタリストの考え方では，貨幣供給量を，例えば5%，10%，15%と増やしていった場合，短期的には産出量や雇用が増えるけれども，これを長期で続けると物価の上昇を招くだけだから，貨幣供給量を一定に保ち，あまり手を加えないほうがよいとしている。つまり，政府はあまり積極的な政策を行わず，消極的な政策に甘んじ，あとは市場の自己調整に任せるほうがよいというのである。

⑤ サイモンの限定合理性

合理的期待仮説は確かにスタグフレーションを見事に説明したが，この説がよって立つ経済主体を全能と見る考え方は正しいのだろうか。このような疑問を提示したのが，1978年にノーベル経済学賞を受賞したサイモン（Herbert

A. Simon: 1916-2001）だ。サイモンは，経済学，行政学，組織工学，心理学（psychology），社会学（sociology）などに精通していた非常に多才な（versatile）人であったが，彼の終生変わらぬ興味は人工知能（artificial intelligence），つまり人間に似せたロボットを作ることにあった。その関係で組織や人間の意思決定の過程に非常な興味を抱いていた。そして，彼がたどりついた結論が,「限定合理性」という理論である。その内容は次のようなものである。

「個人や組織などの経済主体は，必要なすべての情報を入手することはできないし，仮にできたとしてもその認知能力の限界（cognitive limits）から，最適な行動（optimal behavior）を選択することはできない。経験則（rules of thumb）に基づき，それなりに満足できる（satisficing）選択しかできないのである。」

このようにサイモンは，人間の持つ有限な認知能力に限界づけられた合理性を限定合理性と呼んだ。また，satisficing は satisfy と suffice（十分である，足りる）の2語からなるサイモンの造語（coinage）で，他の表現をすれば good enough（十分によい）ぐらいの意味である。われわれが買い物をする時，店に最善のものがなくても，それなりに満足できるものを購入することが多いことを考えれば，サイモンの理論が実際の経験に裏付けられたものであることがわかる。

結局，サイモンは人間の能力の現実を無視した合理的期待仮説に大きな疑問を投げかけ，もっと実態に即した理論を構築する必要性を主張したのである。

なお，合理的期待仮説は，効率的市場仮説という金融理論に関しても問題とされることがあり，それは次の項目で扱う。

意味を言ってみよう

- rational-expectations hypothesis
- stagflation
- down payment
- economic agent
- optimal
- inflation
- full employment
- monetarist
- labor union
- ineffective
- versatile
- optimal behavior
- suffice
- bounded rationality
- consumer goods
- unbiased
- omnipotent
- conversely
- labor shortage
- stimulate
- worsen
- psychology
- artificial intelligence
- rules of thumb
- coinage
- Phillips curve
- realtor
- assets
- optimally
- unemployment
- accelerate
- purchasing power
- money supply
- monetary policy
- sociology
- cognitive limits
- satisficing

経済の気になる論点 ❹

効率的市場仮説（efficient-market hypothesis）によると，金融市場（株，商品取引，外国為替など）では大儲け（large profit）はできないと言われますが，これは本当なのでしょうか？

Key points!
① 効率的市場仮説の前提
② 効率的市場仮説の内容
③ インデックス・ファンド（index fund）
④ 効率的市場仮説への反論

① 効率的市場仮説の前提

最初に2つのことを確認しておく。

1つ目は，efficient（効率的な）という言葉の意味である。efficient の名詞 efficiency（効率性）は通常は資源を最大限に活用すること，つまり資源を無駄なく利用することを意味する。しかし，効率的市場仮説で使われる efficiency は，このような意味ではなく，情報の効率性（information efficiency）を言う。つまり，情報が即座に吸収されて，株価などの金融商品の価格に反映されることを指す。したがって，効率的市場（efficient market）とは，情報が株価などの資産価値（asset price）に直ちに反映される金融市場（financial market）を意味する。

2つ目は，効率的市場仮説が合理的期待仮説を前提にしているということだ。つまり，企業や個人などの市場参加者を合理的な（rational）存在と想定し，情報を収集したり計画を立てたりする場合，最適な意思決定ができることを認めているのである。

② 効率的市場仮説の内容

では，具体的な例で考えてみよう。今，投資家（investor）であるあなたは石油会社X社の株を購入しようとしている。そのために，あなたはX社のファンダメンタルズ（fundamentals，企業の将来の収益性を判定する基本的情報）を調べている。ファンダメンタルズには企業の会計報告だけでなく，新たな油田発

見の情報，さらには社会の消費動向なども含まれる。あなたは，これだけでなく，X社に関する利用可能な情報をすべて調べる。そして，このような情報に基づいて，明日株価が値上がりすることが期待されるとしよう。しかし，あなたが明日株を購入しても，値上がりはまず期待できないのだ。なぜなら，あなたと同じような投資家が，あなたが利用したのと同じ情報に基づき，その日のうちに株を購入し，直ちに株価を値上がりさせてしまうからだ。つまり，X社に関するすべての利用可能な情報は，現在の株価にすでに反映されているのである。したがって，この説によれば，X社の情報を事前に入念に調べても調べなくても同じ実績しか得られないということになるし，あなたは市場全体の実績を上回ることはできず，大儲けはできないことになる。

ここで，今までの説明を簡単に英語でまとめてみよう。

英語で知識を整理

People taking part in financial markets cannot earn abnormally large profits, because financial markets are very efficient and all available information has already been built into stock prices or commodity prices.

金融市場に参加する人々は異常な大儲けはできない。なぜなら，金融市場は非常に効率的で，利用可能な情報のすべてが株価や商品価格にすでに織り込まれているからだ。

仮に，上のような効率的市場仮説が正しいとするならば，実際の株価はどのような動きになるのだろうか。ランダム・ウォーク（random walk）になるのである。ランダム・ウォークとは，酔っ払いが右に左にとジグザグに歩くような動きのことである。なぜ，そうなるのだろうか。すべての予測可能な情報はすでに株価に織り込まれているから，株価が反応するのは「新しいニュース」や「驚き」といった予測できない（unpredictable）情報に対してだけである。そして，予測できない情報はランダムに入ってくるから，株価の動きは図7のように不規則な（erratic）ランダム・ウォークになるのだ。

図7　　　　　　　ランダム・ウォークの図

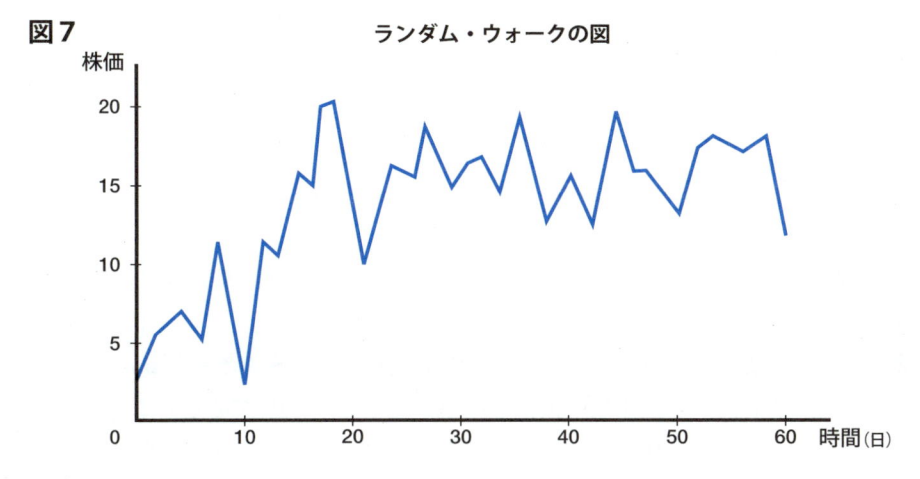

③ インデックス・ファンド

　効率的市場仮説は実際に役に立つのだろうか。この説が正しいことを前提にして開発された金融商品が，インデックス・ファンドである。これはミューチュアル・ファンド（mutual fund）の1つである。ミューチュアル・ファンドとは，機関投資家や個人などの多数の投資家のために投資専門家が株を所有し運用する金融機関のことである。ミューチュアル・ファンドは一般に資産の分散化（diversification）を行う。株なら1つの銘柄に特定せず，複数の銘柄を組み合わせる。このような金融商品を組み合わせた全体を，ポートフォリオ（portfolio）と言う。

　ポートフォリオを組む場合，インデックス・ファンドは，効率的市場仮説に立脚しているから，企業情報を調べたり，洞察（insight）を働かせたりはしない。市場全体の株を同じ比率（proportion）で購入する。その際に参考にするのが，例えば，「スタンダード＆プアーズ500種指数（the Standard & Poors 500 index）」だ。これはアメリカの株式市場全体を表すと考えられている500種の銘柄である。効率的市場仮説によれば，株価に影響を及ぼすのは新しいニュースや驚きであることはすでに述べた。1つの銘柄しか所有せず，それに「悪い驚き」があった場合には，その投資は壊滅的だ。しかし，ポートフォリオを，特定の銘柄の比率を多くせず，同じ比率で組めば，特定の銘柄に「悪い驚き」があったとしても，そのリスクは最小限におさえることができる。以上が，インデックス・ファンドの考え方である。

④ 効率的市場仮説への反論

効率的市場仮説には批判もある。主だったものを紹介しておこう。

- 投資家がすべて合理的な存在，すなわちすべての情報を入手できると想定していること自体が間違いである。情報通の（well-informed）投資家もいれば，そうではない投資家もいる。
- 市場においては，価格が提供する情報だけで売買をする投資家はほとんどいない。
- 市場は，参加者の気分や期待などによって影響を受けることもある。
- 効率的市場仮説では，市場の気まぐれ（volatility）を説明できないことがある。例えば，1987年の10月15日から19日の間にアメリカの株式市場は30パーセントも暴落したが，この4日間にこの暴落（crash）を説明できるニュースや事件，つまり「驚き」はなかったのである。

意味を言ってみよう

- ☐ efficient-market hypothesis
- ☐ index fund
- ☐ information efficiency
- ☐ financial market
- ☐ fundamentals
- ☐ erratic
- ☐ diversification
- ☐ proportion
- ☐ efficient
- ☐ efficient market
- ☐ rational
- ☐ random walk
- ☐ portfolio
- ☐ well-informed
- ☐ volatility
- ☐ large profit
- ☐ efficiency
- ☐ asset price
- ☐ investor
- ☐ unpredictable
- ☐ mutual fund
- ☐ insight
- ☐ crash

MEMO

第2章
経済における政府・企業の働き

7. 総供給・総需要
aggregate supply, aggregate demand

【定義】
- 総供給：一国の経済の一定期間における総生産能力（総産出）。
- 総需要：一国の経済の一定期間における財やサービスに使われる支出。

総供給・総需要を考える意義

1つの財やサービスについて供給と需要があるように，国全体のさまざまな財やサービスの総計にも供給と需要を考えることができる。前者を「総供給」と言い，後者を「総需要」と言う。ちなみに，aggregate は「総計，総計の」という意味である。

なぜ，総供給や総需要について考える必要があるのだろうか。それは経済は**部分（part）**と**全体（whole）**から成り立ち，その相互の関係を考えることが必要だからだ。一国の経済は，例えてみれば，1つの大きなジグソー・パズルと言える。モナリザの絵を復元する場合，個々のピース（断片）をはめ込むことだけにこだわっていると，なかなか完全なモナリザの絵を復元できない。時には，モナリザの全体の絵を頭に思い描きながらピースを埋め込む作業をする必要がある。経済もこれと似ていて，個人や企業の活動はパズルのピースであり，その総計は全体である。一国の経済は時には全体を見て，軌道修正する必要が出てくる。その理由の1つはこうである。

英語で知識を整理

The whole is not necessarily the sum of its parts.
全体は必ずしも部分の総計ではない。

合成の誤謬・節約のパラドックス

全体が必ずしも部分の総計にならないことを経済学の用語で**合成の誤謬（fallacy of composition）**と言う。これは，個々に妥当しても全体には妥当

しないことを言う。英国の経済学者**ケインズ（John Maynard Keynes: 1883-1946）**はこれを**節約のパラドックス（paradox of thrift）**という例で示した。今，かなり多数の人が**同時に（simultaneously）**貯蓄を2倍に増やしたとしよう。個々の人の貯蓄は確かに2倍になるが，このために消費に使われるお金が減り，企業の生産量が減少し，国民の所得も減り，貯蓄に回せるお金も減る。その結果，国民全体の貯蓄額が減ることもある。この例は，経済は部分と全体との関係を考慮しながらかじ取りをすることが必要であることを示唆している。

総供給・総需要の中身

総供給と総需要の意味がわかったところで，それらの中身を具体的に見てみよう。

まず，総供給の**構成要素（component）**だが，これには次のようなものがある。

|総供給の構成要素|

(1) **価格（price）**と費用
　　価格は企業がその商品につける請求金額のこと。これが高くなれば総供給は増える。費用とは，商品を作るのに必要な諸経費のことで，例えば，労働者の賃金などが入る。
(2) **潜在生産力（potential output）**
　　利用可能な生産資源（土地，労働，資本）などのこと。生産資源が潤沢にあれば潜在生産力は高くなる。
(3) **事業経営のやり方（enterprise）**
　　経営や生産の技術の効率性（managerial and technical efficiency）のこと。投入する生産資源が潤沢にあっても，それを活かす経営や技術の手法が悪ければ，生産能力は低くなってしまう。なお，enterprise には「企業」の意味もあるが，この場合は「事業経営のやり方」の意味である。

次に，総需要の構成要素を見てみよう。これらは後に出てくる国内総生産（GDP）に関係してくるので，特に注意して見てほしい。

|総需要の構成要素|

　総需要は誰が支出するかに応じて，家計，企業，政府，海外の4つに分けられる。

(1) **消費支出（consumer expenditure）**── 家計の支出のこと
　消費者が車や食べ物や他の消費財に使う支出である。
(2) 投資 ── 企業の支出のこと
　企業が行う工場建設などのための**設備投資（equipment investment）**や原材料・半製品（製造の途中にある未完成の製品）の在庫のために行う在庫投資などを指す。
(3) **政府支出（government expenditure）**
　政府が教育やその他のサービスのために行う政府消費や，道路や橋などを作るための公共投資のこと。この場合の政府には，**地方政府（local government）**，つまり地方公共団体も含まれる。
(4) **純輸出（net exports）**── 海外の支出
　これは**輸出（exports）**額から**輸入（imports）**額を引いたものである。

総需要の等式

　以上の4つを合計したものが総需要になる。総需要を AD，消費支出を C，投資を I，政府支出を G，輸出を X，輸入を M とすると，次のような等式が得られる。

AD（総需要）
= C（消費支出）＋ I（投資）＋ G（政府支出）＋ X（輸出）－ M（輸入）

　構成要素の**変動（fluctuation）**は，総供給と総需要に影響を与える。例えば，**石油危機（oil crisis）**や労働者の**賃上げ要求（wage demand）**などがあると，生産コストが上昇するから，その結果，生産量が落ち込み，総供給は減る。また，**金利（interest rate）**が下がって投資ブームが起こると，企業の潜在生産力が増し，総供給が増加する。

　異論はあるが，一般には，総供給と総需要が一致している時，つまり均衡している時に，経済は一番効率的に機能していると言われている。

では，総需要，総供給の概念がわかったところで，これらのより正確な意味を英語で確認しておこう。

英語で知識を整理

Aggregate supply represents the total quantity of goods and services that the businesses in an economy produce and sell in a given period.

総供給とは，一国の経済における企業が一定期間に生産し販売する財とサービスの総量を表す。

Aggregate demand represents the economy's total spending in a given time by households, businesses, governments, and foreigners.

総需要は，一国の経済の，一定期間における家計，企業，政府および外国人による総支出を表す。

（注）ここでの government には地方公共団体も含まれる。

意味を言ってみよう

- ☐ aggregate supply
- ☐ aggregate demand
- ☐ part
- ☐ whole
- ☐ fallacy of composition
- ☐ paradox of thrift
- ☐ simultaneously
- ☐ component
- ☐ price
- ☐ potential output
- ☐ enterprise
- ☐ managerial and technical efficiency
- ☐ consumer expenditure
- ☐ equipment investment
- ☐ government expenditure
- ☐ local government
- ☐ net exports
- ☐ exports
- ☐ imports
- ☐ fluctuation
- ☐ oil crisis
- ☐ wage demand
- ☐ interest rate

第2章 経済における政府・企業の働き

8. 国内総生産
gross domestic product (GDP)

【定義】ある国の国内における一定期間（通常，1年）の経済活動の生産量。

国全体の経済活動の測定

　一国の経済活動は個々の商品やサービスを眺めていても明らかにはならない。例えば，自動車や携帯電話（cell phone）の生産量は増えたが，衣類（clothing）や食料品（foodstuff）の生産量が減った場合，国全体の生産量は増えたのか減ったのかはよくわからない。国全体の財やサービスを考えなければならないのだ。そこで，一般的には，国全体の経済活動を測定する指標として国内総生産（GDP）というものが利用される。

最終財の意味

　国内総生産は，通常，最終財（final goods）の貨幣価値（monetary value）によって測定される。最終財とは，他の商品を作るのに利用されることのない商品のことだ。例えば，タイヤは自動車を作るのに使われる製品だから最終財ではなく中間財（intermediate goods）と呼ばれ，完成された自動車が最終財となる。ハンバーガーも最終財である。最終財によって国内総生産を測定する理由を解説しよう。仮に，トヨタのある車種の価格が150万円，それに使われたタイヤの価格が40万円であったとする。合計した190万円を国内総生産に入れてしまうと，40万円はすでに150万円に含まれているから，40万円が二重計算（double counting）になってしまうからだ。

　国内総生産は一国の住民（resident）が一定期間（通常，1年）に生産した財やサービスの金額によって計算される。そして，それは誰が生産したかは問わない。個人でも企業でも政府でも構わない。また，公共部門（public sector）でも民間部門（private sector）でもよい。

　最終財の総計が国内総生産であるが，最終財はどのように消費されたか（つまり，需要）によっても計算できるはずだから，結局，国内総生産は総需要と一致する。つまり，次のようになる。これは重要なので，頭に入れておいてほしい。

```
GDP
= AD（総需要）
= C（消費支出）＋ I（投資）＋ G（政府支出）＋ X（輸出）－ M（輸入）
```

貨幣価値の変動

　GDP の測定において注意しなければならないものに貨幣価値の変動，つまり物価の変動がある。話を極端に単純化して，今，日本の GDP がパソコンと自動車の 2 財の製造から成り立っているとしよう。そして 2010 年と 2011 年の生産量と価格が次のようだとしよう。

財	2010 年 量	2010 年 価格	2011 年 量	2011 年 価格
パソコン	8 台	15 万円	10 台	17 万円
自動車	10 台	100 万円	12 台	110 万円

　GDP は最終財の貨幣価値を合計したものだから，2010 年と 2011 年の GDP はそれぞれ次のようになる。

・2010 年の GDP
= 8 × 15 万円 + 10 × 100 万円 = 120 万円 + 1,000 万円 = 1,120 万円
・2011 年の GDP
= 10 × 17 万円 + 12 × 110 万円 = 170 万円 + 1,320 万円 = 1,490 万円

　ここに示された数字から，2011 年の財の生産量が 2010 年よりも 370 万円（= 1,490 万円 − 1,120 万円）実際に拡大したと即断できるだろうか。できないのだ。なぜなら，上の GDP の増加には財の生産量の拡大と物価の上昇という 2 つの要因が関係しているからだ。そこで，生産量の拡大を知るには物価の変動による影響を取り除く必要がある。そのために，経済学者は次のようないくつかの専門用語を使用する。

(1) **名目 GDP（nominal GDP）**

何の調整もしていない GDP の貨幣価値。つまり，生産量の拡大部分と物価の上昇部分の双方を含めたもの。上の例なら，2010 年は 1,120 万円，2011 年は 1,490 万円である。

(2) **実質 GDP（real GDP）**

物価の変動による影響を取り除いた GDP の値。つまり生産量の拡大部分だけを表す GDP。実質 GDP を測定するためには物価水準を一定にしておく必要がある。そこで**基準年（base year）**を決めて，その年の物価水準を他の年にも適用する。例えば，前ページの表で基準年を 2010 年とするなら，この年のパソコンの価格は 15 万円，自動車の価格は 100 万円である。これを 2011 年にも適用する。すると，2010 年（基準年）と 2011 年の実質 GDP はそれぞれ次のようになる。

・2010 年の実質 GDP
= 8 × 15 万円 + 10 × 100 万円 = 120 万円 + 1,000 万円 = 1,120 万円
・2011 年の実質 GDP
= 10 × <u>15 万円</u> + 12 × <u>100 万円</u> = 120 万円 + 1,200 万円 = 1,320 万円
    ↑   ↑
    注意   注意

以上の計算から，2011 年の実質 GDP は 2010 年に比し，200 万円（= 1,320 万円 − 1,120 万円）拡大していることがわかる。370 万円（= 1,490 万円 − 1,120 万円）は拡大していないのである。経済ニュースなどで「昨年のわが国の経済は 3% の成長を遂げました」などと言われることがあるが，この場合の 3% は実質 GDP が 3% 拡大したことを表している。

(3) **GDP デフレーター（GDP deflator）**

経済学者は経済成長という観点から実質 GDP に関心を持つが，物価の安定という観点から物価水準の動きにも関心を持つ。物価水準の動きを示す 1 つの指標として GDP デフレーターというものがある。これは次のような式によって得られる値である。

$$\text{GDP デフレーター} = \frac{\text{名目 GDP}}{\text{実質 GDP} \times 100}$$

この式で計算される GDP デフレーターはなぜ物価水準の変動を表すのか。極端な事例を考えるとわかりやすい。例えば，実質 GDP が一定のまま（生産量の拡大がゼロ）であり，名目 GDP だけが増えたなら（物価が上昇したなら），GDP デフレーターの値も増え，物価水準の変動を表すのである。参考までに示しておくと，2010 年と 2011 年の GDP デフレーターはそれぞれ次のようになる。なお，基準年の GDP デフレーターは常に 100 になる。名目 GDP と実質 GDP が同じだからである。

- 2010 年の GDP デフレーター $= \dfrac{1{,}120}{1{,}120 \times 100} = 100$
- 2011 年の GDP デフレーター $= \dfrac{1{,}490}{1{,}320 \times 100} = 112.8$

2011 年の GDP デフレーターは 112.8 になっているが，これは物価水準が 2010 年の基準と比べると 12.8% 上昇したことを意味する。

では，最後に物価水準の上昇がある場合の実質 GDP を英語で表してみよう。

英語で知識を整理

If nominal GDP has risen 10 percent in a year but inflation has also increased prices 10 percent, then real GDP is unchanged.

1 年間に名目 GDP が 10 パーセント上昇したが，インフレによって物価も 10 パーセント上昇したならば，実質 GDP は変わらない。

意味を言ってみよう

- ☐ gross domestic product
- ☐ cell phone
- ☐ clothing
- ☐ foodstuff
- ☐ final goods
- ☐ monetary value
- ☐ intermediate goods
- ☐ double counting
- ☐ resident
- ☐ public sector
- ☐ private sector
- ☐ nominal GDP
- ☐ real GDP
- ☐ base year
- ☐ GDP deflator

9. 景気循環
business cycle

【定義】 経済活動の拡張期と後退期が周期的に訪れること。

景気拡張期と景気後退期

　景気循環とは景気の山（peak）と谷（trough）が交互に訪れる周期的な波（periodical wave）を指し，谷→山→谷で一循環になる。谷から山までを景気拡張期（expansion）と言い，山から谷までを景気後退期と言う。参考までに，景気循環の模式図を示しておく。

図1　　　　　　　　景気循環の模式図

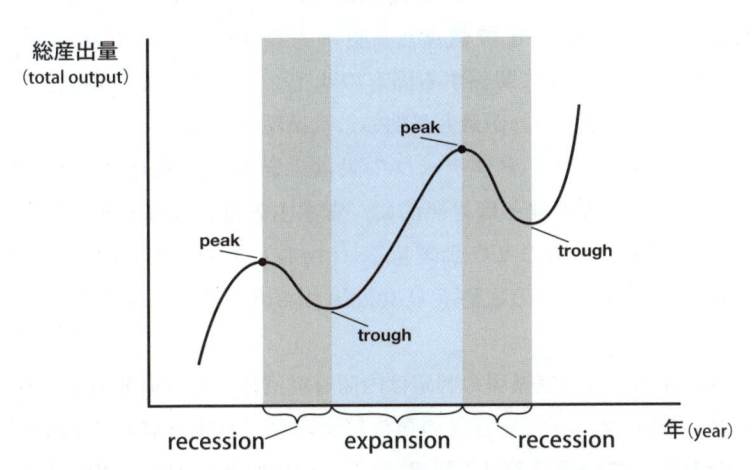

　景気後退期と判定されるためには，少なくとも2四半期（quarter, 1年の4分の1の期間）連続して総産出量が下がる必要がある。景気後退のひどい落ち込みが恐慌（depression）と呼ばれるもので，株式相場（stock market）の下落，商業銀行の倒産（bankruptcy），失業率のかなり高めの上昇が見られるのが特色である。
　景気循環の周期に関しては，発見者の名にちなんで次のような諸説がある。

景気循環諸説

(1) キチン・サイクル（Kitchin cycle）
　在庫の変動・調整を基準にしているので在庫循環とも呼ばれる。最低18カ月から40カ月ぐらいを周期とする。景気循環の中で最も短いものである。

(2) ジュグラー・サイクル（Juglar cycle）
　設備投資の増減を基準にして約10年とする説。

(3) クズネッツ・サイクル（Kuznets cycle）
　住宅建設（house-building）を基準にして約20年とする説。住宅の耐用年数が20年くらいだからである。

(4) コンドラチェフ・サイクル（Kondratiev cycle）
　ロシアの経済学者コンドラチェフ（N. D. Kondratiev: 1892-1938）は，米国，英国，フランスの卸売物価（wholesale price）と利子率を18世紀から1920年代まで調査し，資本主義体制の下では資本蓄積（capital accumulation）に関係する固有のサイクルがあって，景気循環は約50年であるとした。これが最も長期の景気循環説である。

　ちなみに，コンドラチェフの説は，資本主義社会は必然的に崩壊するとのマルクスの説とは対照的に，資本主義はかなり安定した制度（stable system）であることを示唆する（imply）ものであったから，彼は，かの有名なスターリンの収容所（Stalin's prison）に送られ，そこで死を迎えた。

　なお，日本では景気循環の判定は内閣府経済社会総合研究所が行うことになっており，2009年1月29日付の発表によると，日本は戦後14回の景気循環があったとされている。第13循環は，谷（1999年1月）→山（2000年11月）→谷（2002年1月）となっていて，景気拡張期は22カ月続いた。第14循環は，いまだ暫定的な判断ではあるが，谷（2002年1月）→山（2007年10月）→谷（？）となっていて，景気拡張期は戦後最長の69カ月だったとされている。

景気循環の原因

　景気循環がなぜ起こるかに関しては諸説があって，現在でもよくわかっていないが，その一部を紹介しておこう。

　例えば，かなり素朴な理論として農業（agriculture）と天候（climate）を関

係づける説がある。穀物の収穫（harvest）は土壌（soil）や天候やその他の気象学的な循環（meteorological cycle）によって大きく影響を受ける。これが経済の他の分野にも影響を及ぼし，景気循環が発生するというのである。この説は19世紀以前ならそれなりに意味を成したかもしれないが，21世紀の先進工業国では農業の国全体に占める産出量はだいぶ低くなっているから，現在では説得力がない。

心理的な要因（psychological factor）から考える説もある。この説によると，大衆の一般的なムードが楽観的な（optimistic）時もあれば，悲観的な（pessimistic）時もあることを前提にして，それにより景気循環が生まれるとする。もし個人が自律的に（autonomously）行動するならば，仮に期待に間違いがあったとしても，他の個人の正しい期待に相殺（offset）されるから，経済全体への影響は少ない。しかし，個人が互いに真似をすると，間違った期待があった場合にそれが増幅され，経済にかなりの影響を及ぼす。つまり，この説によれば，個人の中にある群衆に従え（follow-the-crowd）といった心理的傾向が景気循環の要因ということになる。この説に対しては，大衆の悲観的なムードや楽観的なムードは景気循環の原因ではなく，結果とも捉えられる，との批判がある。

これら以外にも，政治的な出来事，例えば課税や輸出制限（import restriction）といったものが経済に大きな影響を及ぼし，景気循環をもたらすという説もある。また，産業革命以来の技術革新（technological innovation），つまり，石油資源の開発，蒸気機関（steam engine）の導入，電力の利用，コンピュータやインターネットの発明などの技術開発の周期に関係づけて景気循環を説明する理論もある。いずれにせよ，どの説も景気循環がなぜ起こるのかを十分には説明できていないのが現状である。

なお，1990年代に一部の経済学者（日本の経済学者も含まれる）がインターネットの急速な普及やグローバル化（globalization）を根拠に，景気循環はもはや過去のものになったと宣言したことがある。しかし，その後のサブプライム・ローンの破綻を端緒に発生した深刻な世界的景気後退により彼らが間違いであったことが証明された。

最後に，景気後退の意味を英語で確認してみよう。

英語で知識を整理

A recession means the period where GDP falls for at least two consecutive* quarters.

景気後退とは，少なくとも2四半期連続してGDPが下がる時期を意味する。

* consecutive = 連続的な

意味を言ってみよう

- ☐ business cycle
- ☐ peak
- ☐ trough
- ☐ periodical wave
- ☐ expansion
- ☐ recession
- ☐ quarter
- ☐ depression
- ☐ stock market
- ☐ bankruptcy
- ☐ Kitchin cycle
- ☐ Juglar cycle
- ☐ Kuznets cycle
- ☐ house-building
- ☐ Kondratiev cycle
- ☐ wholesale price
- ☐ capital accumulation
- ☐ stable system
- ☐ imply
- ☐ Stalins prison
- ☐ agriculture
- ☐ climate
- ☐ harvest
- ☐ soil
- ☐ meteorological cycle
- ☐ psychological factor
- ☐ optimistic
- ☐ pessimistic
- ☐ autonomously
- ☐ offset
- ☐ follow-the-crowd
- ☐ import restriction
- ☐ technological innovation
- ☐ steam engine
- ☐ globalization
- ☐ consecutive

経済の気になる論点 ⑤

ミクロ経済学（microeconomics）とマクロ経済学（macroeconomics）はどのように違うのでしょうか？

Key points!
① ミクロ経済学とマクロ経済学の意味
② セイの法則（Say's Law）
③ ケインズの考え方

① ミクロ経済学とマクロ経済学の意味

ミクロ経済学とマクロ経済学の説明は学者により異なるが，ここではサミュエルソンの説明を紹介しておく。

「ミクロ経済学は，一国の経済の個々の要素（element）の行動を分析対象とする。例えば，ある製品の価格がどのように決定されるかとか，一消費者（a single consumer）や一企業の行動などを分析する。」

「マクロ経済学は，経済全体の行動を，生産量，所得，物価水準（price level），外国貿易（foreign trade），失業，その他の総経済変数（variable）との関わりで分析する。」

つまり，簡単に言えば，ミクロ経済学は経済を個人や企業レベルで研究するものであり，マクロ経済学は経済を国全体から考える分野である。
ミクロ経済学とマクロ経済学の区分を最初に言い出したのはケインズである。ケインズは1930年代の米国の大恐慌（the Great Depression）を目の当たりにして，古典派経済学（classical economics）の理論が役に立たないことを知り，マクロ経済学を提唱した。

② セイの法則

古典派経済学とはアダム・スミスから始まり，セイ（Jean-Baptiste Say: 1767-1832），マルサス（Thomas Robert Malthus: 1766-1834），リカード，

ミル（John Stuart Mill: 1806-73）らに続く一連の経済学の流れを指す。スミスの理論はこれらの後継者によってより精緻なものになっていったが，マクロ経済学との関係で押さえておきたいのはセイの法則である。セイは次のように主張した。

> **英語で知識を整理**
>
> **Supply creates its own demand.**
> 供給は需要を作る。

これは個々の財について言っているのではなく，国全体の総供給と総需要について言っている。つまり，財の生産があると，財の総供給を買うに足るだけの有効総需要が必ず出現するということだ。簡単に言うなら，「作った物は必ず売れる」ということである。これは経済全体としては，過剰生産（overproduction）も過少生産（underproduction）もないということ。だから，この理論に従うなら，失業問題は発生しない。なぜなら，現実に失業者（the unemployed）がいる場合でも，それは一時的な調整期間であって，時間が経過すれば完全雇用に達すると考えられるからだ。

③ ケインズの考え方

ところが，米国の1929年の株価暴落（stock plunge）から始まった大恐慌では，大量に発生した失業者は時間が経っても一向に減少しなかった。そこでケインズは，古典派の経済理論は無効であると断じ，マクロ経済学の考え方からこう主張した。失業の原因は有効需要（effective demand，購買力を伴った需要のこと）の不足にある。有効需要を拡大するために，財政政策（fiscal policy）と金融政策を果敢に行うべきである，と。つまり，政府は，国の収支の均衡を気にせずに，国債（government bond）などを発行し，借金をしてでも公共事業を行ったり，あるいは所得税（income tax）の減税などを行ったりすることにより，需要を高め，生産量を増やし，失業を減らすべきだとしたのである。

ケインズが出現する前は，経済学も政策担当者（policymaker）も資本主義社会に必ず起こる景気循環になすすべがなく，傍観しているだけであったが，ケイ

ンズはマクロ経済学を導入することにより，経済学にある種の知的革命を起こしたのであった。

なお，財政政策と金融政策の具体的な内容については，次の項目で扱う。

意味を言ってみよう

- ☐ microeconomics
- ☐ macroeconomics
- ☐ Say's Law
- ☐ element
- ☐ a single consumer
- ☐ price level
- ☐ foreign trade
- ☐ variable
- ☐ the Great Depression
- ☐ classical economics
- ☐ overproduction
- ☐ underproduction
- ☐ the unemployed
- ☐ stock plunge
- ☐ effective demand
- ☐ fiscal policy
- ☐ government bond
- ☐ income tax
- ☐ policymaker

経済の気になる論点 ❻

財政政策と金融政策とは具体的にどのようなことを行うのですか？

Key points!
① マクロ経済学の目標とその達成手段
② ケインズとフリードマン
③ 財政政策の内容
④ 金融政策の内容
⑤ 安定的経済成長（stable growth）のために
⑥ 乗数理論（the theory of multiplier）

① マクロ経済学の目標とその達成手段

アダム・スミスも指摘していたように，競争的自由市場を旨とする資本主義社会にあっては，政府の役割は国防（national defense）や警察など最小限にとどめるべきである。このような政府を小さな政府（small government）と言う。しかし，1930年代の大恐慌が示したように，経済には，失業，インフレ，低成長の３つの大きな病がある。これらの問題に対処するには，国家は小さな政府に甘んじることなく，果敢な政策を行う必要がある。それを理論的に裏付けたのが，前項で紹介したケインズのマクロ経済学である。

現在，マクロ経済学の主たる目標としては次の３つが挙げられており，それを達成するための手段として，財政政策と金融政策がある。

マクロ経済学の目標

1. 完全雇用の達成
   または失業問題の解決
2. 価格の安定（price stability）
   または低いインフレ（low inflation）
3. 安定的経済成長

|目標達成のための手段|

1. 財政政策：国の財政を操作して総需要に影響を与える政策。
　　政府支出
　　税の調整
2. 金融政策：**中央銀行（central bank）** が行う，総需要，特に投資を促す政策。
　　利子率の調整
　　通貨供給量の操作
　　為替相場（exchange market） への介入

② ケインズとフリードマン

　財政政策と金融政策のどちらに重点を置くべきかは学派によって異なる。ケインズ学派（ケインズの理論を継承し発展した人たち）は，市場の自己調整能力は弱い，つまり，失業やインフレは市場に任せたとしても，自然には解決されないと考えている。ケインズ学派は，失業もインフレもいずれも総需要の問題だとする。失業の場合は総需要が不足しているが，市場に任せてもその総需要の不足は解消されないから，政府が積極的に財政政策を行うべきだと述べている。インフレの場合は，投資が貯蓄を上回り，総需要が過剰になっているので，課税をして総需要の過剰分をなくすべきだと主張する。つまり，ケインズ学派は政府がマクロ経済に積極的に介入することを認めているということになる。

　これに対して，1976年のノーベル経済学賞を受賞した**フリードマン（Milton Friedman: 1912-2006）** は，失業もインフレもいずれも通貨供給量の問題だとする。1930年代の大恐慌の時の大量失業は，銀行の連鎖的破綻の結果，通貨供給量が減ったことが原因である。逆に，インフレの場合なら，通貨供給量を減らせばよい。政府は通貨供給量の増減を通して，つまり金融政策を行って，あとは市場の自己調整能力にゆだねればよい。政府はいたずらにマクロ経済に介入すべきではない，という主張である。ケインズ学派の言うように，もし失業対策として政府に予算を超えて支出することを許すなら，それは「パンドラの箱（災いの箱）」を開けるようなもので，**ハイパーインフレーション（hyperinflation, 激しいインフレのこと）** を招き，失業を増やすことになりかねない，と批判した。実際，1970年代に入り，インフレの問題がなかなか解決できなくなるに及んで，ケインズの理論はフリードマンの理論に道を譲ったのであった。

しかし，完全雇用を達成するために政府支出や税の調整によって総需要を刺激するというケインズのマクロ経済学は，現在でもほとんどの国で採用されている。ついでに述べておくと，2007年の米国におけるサブプライム・ローンの破綻を契機に，いったん凋落したかに見えたケインズの理論へ再び熱い期待が寄せられるようになっている。

③ 財政政策の内容

　上にも述べたが，財政政策の手段には政府支出と税の調整の2つがある。景気が冷え込み失業が増えて，政府が総需要を増やしたいと思う場合，具体的にはどうするのか。先に学習した次の図式を思い出そう。

$$AD(総需要) = C(消費支出) + I(投資) + G(政府支出) + X(輸出) - M(輸入)$$

この図式から，総需要を増やすには消費支出，投資，政府支出，純輸出を増やせばよいことがわかる。もし政府が減税を行うなら，その分だけ**可処分所得 (disposal income)** が増えるから，個人の消費を刺激することになるだろうし，企業の場合なら，その分を**将来の産出量 (future output)** を増やすために機械などの設備投資に回すかもしれない。また，政府が，公共事業（道路やダムなどの建設）を行ったり，あるいは学校の先生を増員することによって，政府支出を増やすこともできる。さらには，エコカー減税のように，政府が補助金を拠出することによって，消費支出を刺激することもある。また，**為替レート (exchange rate)** を引き下げることによって，輸出を誘導し，純輸出を増やすこともできる。これは財政政策ではないが，後で述べる金融政策の1つで，為替相場への介入である。

　以上は景気が低迷している時の総需要の拡大であるから，**拡張的財政政策 (expansionary fiscal policy)** と呼ばれる。これとは逆に，景気が過熱ぎみで**インフレ圧力 (inflationary pressure，インフレを引き起こす力)** がある場合には，総需要を縮小させる政策が必要になる。このような政策は**縮小的財政政策 (contractionary fiscal policy)** と呼ばれる。

　なお，参考のために，次ページには拡張的財政政策の図を示した。この図では，政府支出などによる財政政策によって総需要がADからAD'に引き上げら

れ，産出量の均衡点が E から E' に移動している。もし実質 GDP が潜在産出量をはるかに上回ると，物価水準が P から P' に急上昇し，インフレ圧力が高まることになる。なお，潜在産出量とは完全雇用が実現したならば生産できたであろう産出量，つまり国の最大の生産能力を示す。であるなら，実質 GDP が潜在産出量を上回ることはあり得ないように思われるが，これが可能なのである。それは，潜在産出量の計測がある程度失業を見込んだ上での通常時の生産能力を前提にしているからだ。だから，例えば，戦時になって，生産能力がフルに利用され，失業がなくなり，完全雇用が達成されると，実質 GDP は潜在産出量を上回ることになる。

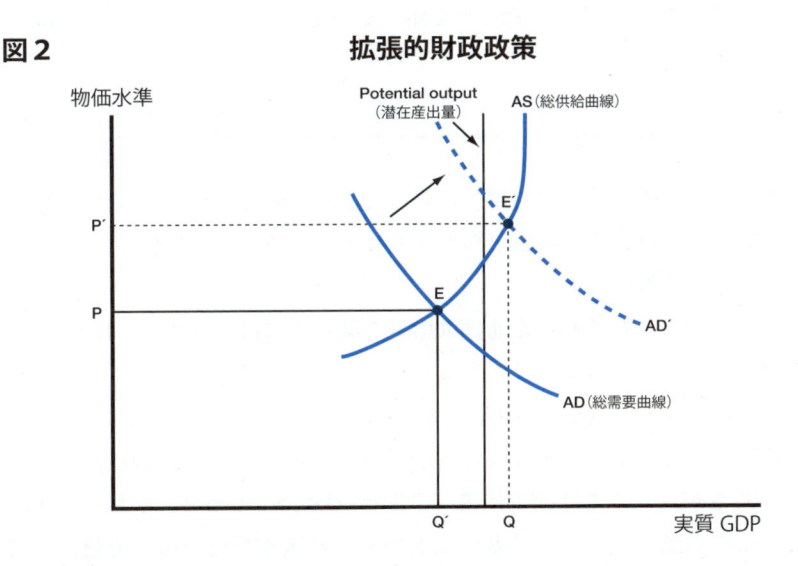

図2　　　　　　　　　拡張的財政政策

物価水準／Potential output（潜在産出量）／AS（総供給曲線）／P'／E'／P／E／AD'／AD（総需要曲線）／Q'／Q／実質 GDP

なお，財政政策は，所得の再分配（income redistribution）のために利用されることもある。例えば，高い収入の人から多く税金を徴収し，その分を所得の少ない人に移転（transfer）したり，あるいは子ども手当のような補助金を直接拠出することによって所得の少ない人を補助する場合などである。

④ 金融政策の内容

前にも触れたマネタリストのフリードマンは，1867年から1960年までの米国の金融史を調べ，景気循環は通貨供給量と密接な関係があることを明らかにした。そして，インフレとその対策に関してこう述べている。英語で見てみよう。

英語で知識を整理

Inflation is always and everywhere a monetary phenomenon, resulting from and accompanied by a rise in the quantity of money relative to output....It follows that the only effective way to stop inflation is to restrain the rate of growth of the quantity of money.

インフレは，いつでもどこでも金融の現象であって，生産量に比し通貨の量が増えることによって生じ，またそれを伴っている。……したがって，結論は，インフレを止める唯一の有効な方法は通貨の量の成長率を抑制すること，ということになる。

なお，この中の「インフレは生産量に比し通貨の量が増えることによって生じる」という考えは貨幣数量説（物価水準は流通する通貨量によって決まるという説）に由来する理論である。

では，インフレ対策として通貨供給量を減らすには，具体的にはどうしたらよいのだろうか。日本の例で見てみよう。

利子率の調整や通貨供給量の操作は一般には中央銀行が行う。日本なら日本銀行（Bank of Japan）である。日本銀行が市中の通貨供給量を増やす方法にはいくつもあるが，ここでは公定歩合（official discount rate　なお，日銀は2001年からこの言葉に代わって「基準割引率および基準貸付利率」を使用している）によるものと買いオペ（buying operation）を紹介する。日本銀行が特定の民間銀行に相対で資金貸付を行う場合，この貸付に適用される利子率が公定歩合と呼ばれる。日本銀行はこの利子率を下げることによって通貨供給量を増やすことができる。民間銀行は融資が受けやすくなるから，それだけ手持ちの貸出資金が増えることになる。

買いオペとは，日銀が国債を民間銀行から買い上げるという操作だ。民間銀行はこれにより，手持ちの資金量が増え，企業などへの貸し付けを増やし，投資を刺激することができる。なお，通貨供給量を減らすには，逆のことをやればよい。公定歩合の利子率を上げたり，あるいは売りオペ（selling operation）を行っ

て民間銀行に国債を売ったりすればよい。

⑤ 安定的経済成長のために

　最後に，マクロ経済学の目標である安定的経済成長はいかにして達成可能かということについて述べる。これには労働や資本といった生産要素を増やすことが重要になる。社会的基盤整備への投資もその1つである。日本のような少子化社会では特に，労働人口（working population）を増やすだけでなく，労働者の質を高めるために教育への投資が必要になる。また，研究開発（research and development）にお金を注ぎ，技術水準を高めることも大切である。

　しかし，政府がこれらの投資を行うと赤字が膨らみ，将来世代（future generation）が借金漬けになるのではないかとの懸念が生まれる。この点で考慮すべきなのが，乗数理論である。

⑥ 乗数理論

　乗数理論とはケインズや他の経済学者が理論化したもので，政府による投資が最終的に国民所得（national income），つまり GDP を何倍に増やすかという理論だ。例えば，政府が教育に 10 億円を投資したとする。この投資の直接の効果として，先生たちの所得や学校に備品を納めている業者などの所得が上昇する。次に，先生や業者が増えた所得を耐久消費財（durable goods）の購入にあてたり，旅行に行ったりして使用すると，それらに関連する業者の所得が増える。理論的にはこの過程は無限に続くから，当初の投資の効果は無限大になるはずだが，実際には多くの人は増えた所得の一部を貯蓄に回しその残りを消費するから，徐々にその効果は薄れていく。仮に，人々の消費性向（propensity to consume）を計算に入れた上での最終的な国民所得が 50 億円になったとする。この場合，当初の 10 億円の投資の乗数効果は 5 倍になる。これを英語で言うと，次のようになる。

英語で知識を整理

If an increase in investment expenditure of 1 billion yen causes an increase in national income of 5 billion yen, the multiplier is 5.

もし10億円の投資支出が50億円の国民所得の増加をもたらしたとするなら、その乗数は5である。

　結局，政府が赤字を覚悟で投資をする場合には，このような乗数効果を考えた上で，将来世代が得られる利益と不利益のバランスを慎重に比較考量し，決断すべきだということになる。

意味を言ってみよう

- ☐ stable growth
- ☐ the theory of multiplier
- ☐ national defense
- ☐ small government
- ☐ price stability
- ☐ low inflation
- ☐ central bank
- ☐ exchange market
- ☐ hyperinflation
- ☐ disposal income
- ☐ future output
- ☐ exchange rate
- ☐ expansionary fiscal policy
- ☐ inflationary pressure
- ☐ contractionary fiscal policy
- ☐ income redistribution
- ☐ transfer
- ☐ velocity
- ☐ circulation
- ☐ Bank of Japan
- ☐ official discount rate
- ☐ buying operation
- ☐ selling operation
- ☐ working population
- ☐ research and development
- ☐ future generation
- ☐ national income
- ☐ durable goods
- ☐ propensity to consume

経済の気になる論点 ❼

「日本の失われた10年（Japan's lost decade）」とはどんな時代だったのですか？この時期に政府や日銀はどのような政策を行ったのですか？

Key points!
① 「失われた10年」の2つの要因
② 財政政策と金融政策
③ 政策への批判 —— 流動性の罠（liquidity trap）
④ クルーグマンの分析と処方箋

① 「失われた10年」の2つの要因

通常，「日本の失われた10年」とは，日本が消費の低迷，高い失業率，低成長に悩まされた1991年から2000年までの時期を言う。日本がなぜこのような状況に陥ったかは，この時期より前の経済状態を考慮する必要がある。一般に2つの要因が指摘されている。

第一の要因は，銀行が多くの不良債権（bad loan, 利子の支払いや元本の返済がなされていない貸付）を抱えることになったことだ。そのいきさつはこうである。銀行などの金利に関しては，銀行が自由に定められる市場金利（market interest rate）と国の金融当局が定める規制金利（regulated interest rate）があるが，日本は長らく規制金利の方式をとってきた。しかし，国際的な資本移動の自由化や情報技術（information technology）の発展などの影響を受けて，日本は1980年代後半ぐらいから金融自由化（financial deregulation）を段階的に実施してきた。その結果，銀行は，激しい競争にさらされ，利潤を確保するために，リスクの高い不動産貸付（real-estate lending）なども行うようになった。やがて，不動産投資はバブル（bubble），つまり実体の裏付けのない投機（speculation）の様相を帯び，地価は高騰して（skyrocket）いった。そして，1989年12月末に日経平均株価は，3万8915円の高値をつけた後，急落していったが，それにやや遅れて地価も下落した。いわゆる「バブルの崩壊」である。このために，不動産貸付の多くは返済不能（insolvent）となり，銀行は不良債権を多くかかえることになった。これが銀行の財務状況を悪化させたのである。

第二の要因は企業の過剰設備（overcapacity）である。企業は，1980年代後

半ぐらいから，低金利で資金調達ができたことや，この時代の強気の成長期待に押されて，過剰な設備投資を行ってきた。しかし，これらの過剰な設備投資は当初期待したような利益を生まず，多くの企業は債務，つまり借金の返済を行うことができなくなった。また，設備投資に合わせて雇った人員も過剰になっていた。つまり，多くの企業は，過剰設備，過剰債務，過剰雇用の三重苦に苦しめられていた。

これらの要因から，日本経済は，次のような**負のスパイラル（negative spiral）**に陥った。

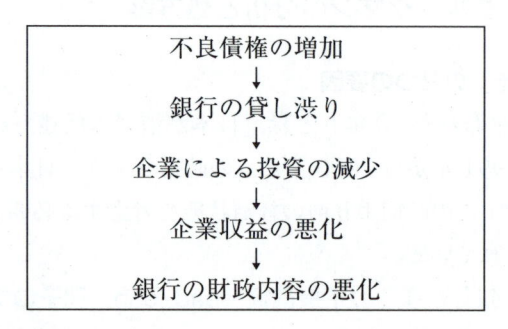

```
不良債権の増加
  ↓
銀行の貸し渋り
  ↓
企業による投資の減少
  ↓
企業収益の悪化
  ↓
銀行の財政内容の悪化
```

では，今までの説明を英語でまとめてみよう。

英語で知識を整理

At the end of the 1980s, Japan's bubble economy burst and Japan slid* into the long-term recession called the "lost decade".

1980年代の終わりに，日本のバブル経済は崩壊し，日本は「失われた10年」と呼ばれる長期の景気後退に陥った。

＊ slid = slide（滑り落ちる）の過去形

② 財政政策と金融政策

バブル崩壊後の日本経済に対し，政府や日銀はどのような対策をとったのだろうか。

まず，総需要を引き上げるために，政府は，橋や道路の建設といった社会的基盤整備を中心とした財政政策を行った。これは総合経済対策として，1992年から始まったが，その規模は通常考えられないほど大規模なものであった。『日本経済の罠』（小林慶一郎，加藤創太共著）によると，その事業総規模は，1992年に10.7兆円，1993年には2度あって13.2兆円と5.9兆円，1994年に15.3兆円，1995年に14.2兆円，1998年に16兆円であった。

次に行ったのは日銀による金利政策である。金利には，10年長期国債利回りが指標になる長期金利（long-term interest rate）と，短期資金を必要とする銀行間でのお金の貸し借りを決める短期金利(short-term interest rate)があるが，日銀は無担保コール翌日物（over night call money rate，オーバーナイト物とも言う）と呼ばれる短期金利を1999年に史上最低の0.15%にした。この金利はほぼゼロに近いので，ゼロ金利政策（zero-interest-rate policy）と呼ばれる。銀行はこれにより，無担保で，しかもただ同然でお金を借りることできるので，資金繰りに困って倒産する（go bankrupt）というリスクを回避できるし，また企業への融資が行いやすくなり，結果として国の経済活動が刺激され，総需要の拡大につながるのである。

③ 政策への批判 ―― 流動性の罠

では，政府が行った財政政策は功を奏したのであろうか。これには賛否両論（pros and cons）がある。バブル崩壊後も日本がGDPの落ち込みがなく，失業率が5.5%を超えることがなかったこと，そして米国の1930年代のような深刻な恐慌に陥らなかったことを考えるなら，成功だったと言う経済学者がいる。しかし，多くの経済学者は少なくとも政府に政策判断のミスがあったことを指摘している。例えば，1995年後半頃から，財政政策の効果や不良債権の処理が進んだこともあって，景気回復の兆しが見られ，1996年には実質の経済成長率（economic growth rate）が3%を超えた。しかし，この景気回復（business upturn）は本格的なものではなかったにもかかわらず，時の橋本内閣は景気対策で増大した財政支出を縮小するために，1997年4月に消費税（consumption tax）を 3% から 5% に引き上げた。この引き上げにより，消費が冷え込み，総需要が引き下げられ，物価はデフレ傾向を強めることになった。

　また，日銀の行ったゼロ金利政策にも批判がある。一般に金利を下げれば，市中銀行の資金量が増え，それが総需要を喚起し景気回復につながると考えられる。しかし，ケインズは，1930年代の大恐慌に関し，金利が限りなくゼロに近づくと，金融政策は，誰もが資産を現金で保有したいと思う「流動性の罠」に陥り，その罠にとらえられて，無効になると主張した。だからこそ，財政政策を果敢に行うべきだとケインズは提案したのである。ちなみに，ここでいう**流動性（liquidity）**とは，資産を現金に換えることができる容易さを指す。現金は当然のことながら100％の流動性がある。国債と**生産財（producer goods）**や美術品では国債のほうが流動性がある。国債はいつでも売却できるが，生産財や美術品はすぐに売れるとは限らないからだ。

　流動性の罠に陥るには2つの前提が必要である。金利がほぼゼロに近づくことと，物価がデフレの状況にあることだ。例えば，ある企業が**名目金利（nominal interest rate，銀行から借りる時の金利）** 1% という低利でお金を借りるとしよう。この場合，もし物価が 3% の率で下落すると予想できるなら，企業の実質的な負担となる**実質金利（real interest rate）**は 4% になる。実質金利は名目金利からインフレ率を差し引いたものである。この場合は物価が下落しているのでインフレ率はマイナスとなる。したがって，実質金利 =1% －（－3%）となり，4% になる。このような状況では，たとえ名目金利が低くても，企業は物を作っても利益を見込めないから，投資をせず，現金をそのまま保有したいと思うのである。また，ゼロ金利の状態では，国債も利率が事実上ゼロになるから，国債を持っている意味がなくなってしまう。中央銀行の立場からすると，このような場合は金利を下げて消費や投資を刺激することになるが，名目金利がすでにゼロになっているので，それもできない。つまり，金融政策は手詰まり状態，ケインズの言う「罠」に陥るのである。

　では，ここで流動性の罠を英語で整理しておこう。これはBloomberg Press社から出版されている ***Dictionary of Economics*** からの引用である。

英語で知識を整理

Liquidity trap is a situation in which the rate of interest is so low that no one wants to hold interest-bearing* assets and people only want to hold cash.

流動性の罠とは，金利があまりにも低いために，誰も利付き資産を持ちたいと思わず，みんな現金でだけ保有したいと思う状況を言う。

＊ interest-bearing = 利付きの。bear には「〜を生む」という意味がある。

④ クルーグマンの分析と処方箋

では，流動性の罠から抜け出すためにはどうしたらよいのか。2008年にノーベル経済学賞を受賞した，ケインズ派の経済学者**クルーグマン（Paul Robin Krugman: 1953-）**は，『恐慌の罠』（中央公論新社）の中で次のような趣旨のことを述べている。

「現在，日本は財政拡張政策を行ってデフレを克服しようとしている。だが，財政政策は日本の経済が恐慌になることを防いでいるだけで，日本の持続的な経済成長を助けなかった。財政政策がうまくいかないなら，残された道は金利の調整による他にない。つまり，金利を下げて投資を刺激すればよいのである。ところが，現在，日本は名目金利がほぼゼロであるから，これ以上金利を下げることは不可能だ。では，どうしたらよいのか。名目金利がダメなら，実質金利を下げればよい。そのためにはどうするか。国民に将来インフレが起こると確信させればよい。」

ここでクルーグマンが提案しているのは，こういうことである。先ほども述べたように，実質金利は名目金利からインフレ率を差し引いたものだから，名目金利はゼロでも，インフレ率を上げることによって，実質金利を下げてマイナスにすることができる。例えば，インフレ率を3％とするなら，実質金利＝1％－3％となるから，実質金利は－2％となる。実質金利がマイナスになると予測できるなら，日本の家計や企業は消費や投資を増やし，結果として総需要を引き

上げることになる，というのがクルーグマンの**処方箋（prescription）**である。なお，クルーグマンのこの考え方は学会に多くの論争を巻き起こしたが，**異論（objection）**が多いことも申し添えておく。

　最後に付言しておくと，日本が失われた10年から回復したのは，海外（主として中国）からの需要拡大が起こり，輸出が増加した2002年頃である。

意味を言ってみよう

- ☐ Japan's lost decade
- ☐ liquidity trap
- ☐ bad loan
- ☐ market interest rate
- ☐ regulated interest rate
- ☐ information technology
- ☐ financial deregulation
- ☐ real-estate lending
- ☐ bubble
- ☐ speculation
- ☐ skyrocket
- ☐ insolvent
- ☐ overcapacity
- ☐ negative spiral
- ☐ slide
- ☐ long-term interest rate
- ☐ short-term interest rate
- ☐ overnight call money rate
- ☐ zero-interest-rate policy
- ☐ go bankrupt
- ☐ pros and cons
- ☐ economic growth rate
- ☐ business upturn
- ☐ consumption tax
- ☐ liquidity
- ☐ producer goods
- ☐ nominal interest rate
- ☐ real interest rate
- ☐ interest-bearing
- ☐ prescription
- ☐ objection

10. 市場の失敗
market failure

【定義】 市場が資源を効率的に配分できていない状態。

市場の失敗と４つの類型

　アダム・スミスが明らかにしたように，自由な競争市場は，その「見えざる手」によって適正な資源配分という機能を担う。したがって，市場の失敗とは，大きく捉えるならば，市場がその機能を果たせず，資源を効率的に配分できない状態を指す。しかし，その後の研究によって，市場の失敗には４つの類型があることがわかっている。なぜ４つなのかは，従来の経済学が前提としている**基本的競争モデル（basic competitive model）**に関係がある。その内容は次の４つである。

|基本的競争モデルの内容|

(1) 市場は完全競争である
　　一企業や一個人は，市場全体の大きさに比べきわめて小さな存在であるから，市場価格に影響を与えることはできない。このような経済状態を完全競争と言う。
(2) 企業や個人は**完全情報（perfect information）**を持っている
　　企業や個人は，財についてのすべての情報，つまり，**品質（quality）**や価格，**入手可能性（availability）**などについて完全な情報を持っている。
(3) 企業や個人は取引当事者に対してだけ責任を負う
　　企業や個人は取引の相手方に対しては結果の責任を負うが，それ以外の**第三者（third party）**に対して影響を与えた場合は，その責任を負わない。
(4) 財の利用は排他的である
　　ハンバーガーは，買った人だけが食べることができる。他の人が同時に食べることはできない。このように，財は，その購入者以外の人の利用**を排除する（exclude）**。

しかし，実際の経済では，基本的競争モデルが想定していない事態が生じている。

不完全競争

まず，完全競争に関して言うと，実際の経済生活では，一部の生産者が消費者の利益に反して市場価格に影響を与える場合がある。一企業だけが市場全体に財を供給している独占（monopoly）や，数企業が市場全体に供給を行っている寡占（oligopoly）などが典型的な例だ。いずれも不完全競争（imperfect competition）の例である。

不完全情報（非対称情報）

次に，完全情報について見ると，実際の売り手と買い手が互いに取引（transaction）の内容について完全情報を持っていない場合がある。中古車（used car）購入の場合，中古車の売り手は，車の状態について完全な情報を持っているが，買い手はそうとは限らない。売り手は欠陥車であることを知りながら，それを隠している場合があるからだ。このように，取引当事者間の情報量に差がある状態を非対称情報（asymmetric information）があると言う。非対称情報は，保険会社（insurance company）と病気を隠して保険会社と契約を結ぼうとする個人との間にも見られる。

外部性

基本的競争モデルでは，企業や個人は取引当事者以外の第三者に影響を及ぼした場合は責任を負わない。例えば，たばこの製造業者は，たばこを購入した人に対しては，たばこの品質や喫煙者の健康などについて責任を負う。しかし，たばこの購入者が第三者に間接喫煙（secondhand smoke）によって不快な思いをさせた場合は，たばこの製造業者もたばこの購入者もその第三者に対して責任を負わない。また，化学工場の有害な煙（harmful smoke）が近隣の住民に害を与えたとしても，工場は住民に対し責任を負わない。このように，企業や個人が取引の当事者ではない第三者に及ぼす影響を外部性（externality）と言う。従来の基本的競争モデルは，この外部性を視野に入れていない。

公共財

　最後に、「財の利用は排他的である」について述べる。ハンバーガーを買った人は、自分が食べれば他人に食べさせることはできないから、他者の利用を排除する。しかし、社会には他者を排除せずに、みんなで共に利用を享受するものも必要である。これが公共財（public goods）と言われるものだ。公共財の例としては、灯台（lighthouse）、公園、公衆衛生（public health）、初等教育（elementary education）、消防（fire fighting）、警察、国防などがある。市場は、資源の最適配分に関しては重要な役割を果たすけれども、公共財を作り出すことはできない。

まとめ

　以上の市場の失敗を、基本的競争モデルと対応させてまとめると、次のようになる。

	基本的競争モデル	市場の失敗
1	完全競争	不完全競争
2	完全情報	不完全情報
3	取引当事者に対してだけ責任を負う	第三者（外部性）に責任がない
4	財の排他性	公共財が作れない

政府の介入

　市場の失敗を是正する（correct）方法には、市場自体にゆだねる方法もある（これについては、次の項目で扱う）。しかし、市場の失敗は市場自体が効率的に機能していないことを意味するから、政府が経済に介入する理論的根拠（rationale）を与えるものでもある。

　かくして、市場の失敗を是正する方法には次のようなものがある。

市場の失敗を是正する方法
(1) 財やサービスの直接提供
　　公共財は政府が税金によって直接提供する例である。

(2) 法律や政策による是正

独占や寡占などの不完全競争がある場合に政府がとる**独占禁止政策（antimonopoly policy）**，商品情報に関し消費者を保護する働きをする**消費者保護法（consumer protection legislation）**などがこれに当たる。

(3) **課税（taxation）**や**規制（regulation）**

有害な煙を排出している工場に課税や規制を行う場合などである。

(4) 補助金

環境**を汚染し（pollute）**ている企業への汚染防止装置を設置するための補助金など。

では，ここまでを英語でまとめてみよう。

英語で知識を整理

A market failure is a situation in which a market cannot allocate resources efficiently. In such cases, the government can intervene in the economy.

市場の失敗とは，市場が資源を効率的に配分できない状況のことである。このような場合，政府は経済に介入することができる。

意味を言ってみよう

☐ market failure	☐ basic competitive model	☐ perfect information
☐ quality	☐ availability	☐ third party
☐ exclude	☐ monopoly	☐ oligopoly
☐ imperfect competition	☐ transaction	☐ used car
☐ asymmetric information	☐ insurance company	☐ secondhand smoke
☐ harmful smoke	☐ externality	☐ public goods
☐ lighthouse	☐ public health	☐ elementary education
☐ fire fighting	☐ correct	☐ rationale
☐ antimonopoly policy	☐ consumer protection legislation	
☐ taxation	☐ regulation	☐ pollute

経済の気になる論点 ⑧

外部性の問題を解決する理論に「**コースの定理（Coase Theorem）**」というものがあるそうですが，これはどのようなものなのでしょうか？

Key points!
① コースの定理の狙い
② 外部性の定義
③ **社会的費用（social cost）の問題**
④ **ピグー税（Pigovian tax）と問題点**
⑤ コースの提案
⑥ コースの定理の限界

① コースの定理の狙い

コースの定理とは，シカゴ大学を中心に活躍し，1991年にノーベル経済学賞を受賞した**ロナルド・コース（Ronald H. Coase: 1910-）** が1960年に発表した「**社会的費用の問題（*The Problem of Social Cost*）**」という論文の中で展開した理論を指す。後で詳しく検討するが，コースの定理の狙いをごく簡単に言うなら，次のようになる。

英語で知識を整理

Externalities can be corrected by the market.

外部性は市場によって解決することができる。

外部性が市場の失敗の1つであることはすでに学習したが，コースの定理を理解するために，外部性をもっと詳しく見てみよう。

② 外部性の定義

売り手と買い手，あるいは生産者と消費者が市場において取引をする場合には取引の内容や結果に対しては互いに責任を負うが，彼らの行動が第三者に費用や便益を与えた場合には，それに対しては原則として責任を負ったり，代金を請

求したりすることはできない。例えば、工場からの**煤煙（soot）**が近隣の住民の健康や洗濯物に被害を与えても、工場はその費用を負担する必要はない。喫煙者が公共の建物の中で空気を汚染したとしても、それに対して責任を負わない。また、**花屋（florist）**から購入し、自宅の庭に置いた鉢植えのバラが通行人の目を楽しませるという便益を与えたとしても、バラの所有者は通行人にお金を請求することはできない。**養蜂業者（beekeeper）**の蜂が他人のりんごの受粉に役立ったとしても、お金を請求することはできない。ここに示した費用や便益が外部性と呼ばれるもので、第三者に費用を課す場合を**負の外部性（negative externality）**と言い、便益を与える場合を**正の外部性（positive externality）**と言う。したがって、外部性を英語で定義するなら次のようになる。

> ### 英語で知識を整理
>
> **An externality means a cost or a benefit that affects someone who is neither a producer nor a consumer.**
>
> 外部性とは、生産者でもなく消費者でもない人に及ぼす費用や便益を意味する。

③ 社会的費用の問題

なぜ、外部性に対して生産者や消費者は責任を負わないのだろうか。それは財の価格に費用や便益が反映されていないからだ。例えば、**製鋼所（steel mill）**が負担しているのは鉄鋼の生産に要した**私的費用（private cost）**だけであって、その煤煙がもたらす住民への被害は価格に算入されていない。しかし、社会全体から見るなら、住民への被害も費用である。したがって、社会全体が負担する費用、つまり社会的費用は、次のように表せる。

社会的費用 ＝ 製鋼所の私的費用 ＋ 住民への被害に要する費用

企業が私的費用しか負担しない理由は、企業が営利を追求する組織であるからだ。住民への被害の費用まで私的費用に入れたら、製品の価格が高くなりすぎて、利潤が少なくなる。自己利益を追求する企業としては、費用を少なくして利潤**を極大化し（maximize）**たい。しかし、これは住民の犠牲のもとに達成され

ているわけだから、社会全体の資源配分は**非効率的（inefficient）**になっている。これをどう是正するか、その方法を巡って学者の間に争いがあるのだ。

この問題を論じるに当たってコースが「社会的費用の問題」の中で取り上げた例は、隣接する**牛の牧場主（cattle-raiser）**と**農家（farmer）**の例である。コースは、牧場主の**迷い牛（straying cattle）**が農家の**穀物（crops）**に被害を与える場合、経済学的に見て最適な解決方法はどうなるかを詳細に論じた。しかし、ここでは理解しやすいように、もっと現代的で身近な例を取り上げることにする。

今、製鋼所が大気中にスモッグや**酸性雨（acid rain）**の原因となる**二酸化硫黄(sulfur dioxide)**を排出し、住民に被害を与えているとしよう。人によっては、このような汚染企業は廃業させるべきだ、と言うかもしれない。しかし、汚染企業と言えども、経済学的には効率的である。なぜなら、社会に鋼鉄を供給し、資源配分に役立っているからだ。したがって、問題は、二酸化硫黄の排出をどの程度減少させるなら社会的に見て最適な資源配分になるのか、という問題になる。

④ ピグー税と問題点

外部性の問題を最初に取り上げたのは英国の経済学者の**ピグー（Arthur Cecil Pigou: 1877-1959）**である。ピグーは、汚染をもたらしている企業に、汚染に等しい税金を課するべきだとした。この税金をピグー税と言う。しかし、このような問題解決の方式に異論を唱えたのがコースだ。ピグー税には次のような問題点がある。

ピグーは製鋼所を**汚染者（polluter）**、住民を**被害者（victim）**と決め付けているが、いつもそうなるとは限らない。例えば、製鋼所が近隣に何もない場所で昔から操業していたが、最近隣に住民が引っ越してきたような場合には、製鋼所のほうが被害者とも言えるのである。コースはこの点につき、先ほどの論文で次のように述べている。

英語で知識を整理

The question is commonly thought of as one in which A inflicts* harm on B and what has to be decided is: how should we restrain* A? But this is wrong. We are dealing with a problem of a reciprocal* nature.

通常，この問題はAがBに損害を加えていて，決定しなければならないことはAの行動をどのように抑制するのか，という問題として考えられている。しかし，これは間違っている。私たちは相互的な性質を持った問題を扱っているからだ。

* inflict = 〜を加える，restrain = 〜を抑制する，reciprocal = 相互的な

私たちが扱っている例では，Aが製鋼所，Bが住民になる。コースは何を言いたいのか。これに続く箇所を日本語に訳して引用してみよう。

「B（住民）への損害を避けようと思うなら，A（製鋼所）に損害を加えることになるだろう。だが，決定されるべき真の問題は，B（住民）に損害を与えることをA（製鋼所）は許されてよいか，それともA（製鋼所）に損害を与えることをB（住民）は許されてよいか，ということだ。問題はより大きな損害を回避することなのだ。」

ここでコースが言いたいことは，製鋼所を加害者と見ることもできるし，また住民を加害者と見ることもできる，そしてこの問題は「より大きな損害を回避すること」，つまり「社会的費用」を少なくすることを基準にして解決すべきだということである。多くの人は住民を加害者と見ることには違和感を覚えるだろうが，コースは社会全体の費用を視野に入れているから，このような発想が生まれるのである。

話が抽象的になったので，もっと具体的に考えてみよう。今，製鋼所が1年間に住民に及ぼしている損害額が1,000万円，被害を除去するための装置の設置に800万円かかるとする。一方で，住民（単純化のために1人とする）が煤煙を受けない風上の地域に移動するのに500万円かかるとする。そして，政府が

製鋼所に住民への被害額に相当する1,000万円をピグー税として課税したとする。製鋼所はこの税金を払ってこのまま空気を汚染し続けることもできるが，多くの企業は800万円の公害防止装置を設置して，ピグー税を免れることを選択するだろう。この場合の住民への被害に要する費用は800万円である。政府がピグー税を課さない場合はどうなるのか。住民は，通常なら公害には耐えられないから，その土地を他の人に売ったり，あるいは製鋼所と交渉して500万円の移転費用を出させ，公害を回避することを選択するだろう。この場合の住民への被害に要する費用は500万円である。この例からわかるように，コースが問題にしたのは，ピグー税のような**硬直的な（inflexible）**解決方法をとるよりは，当事者同士の話し合いにゆだねたほうが，安い費用で，つまり少ない社会的費用で問題を解決できる，ということである。

⑤ コースの提案

そして，コースが問題解決の具体的方策として提案したのが**所有権（property right）**などの**法的権利（legal right）**の適切な割り当てである。事例を変えて考えてみよう。AとBは隣接する土地に住んでいて，Aは休日には庭で大きな音で音楽をかけながら庭仕事をしているが，Bはこれに我慢がならないとしよう。この場合，**社会的効率性（social efficiency）**の観点から，音楽を鳴らすことが許されるのは，Aが音楽から得られる**喜び（pleasure）**がBの**静寂（silence）**から得られる喜びよりも上回っている場合に限られる。そして，Aが音楽を楽しむことは，Aに音楽を楽しむ権利を与えても，あるいはBに静寂を享受する権利を与えても，いずれでも達成できる。前者の場合なら，BはAに十分な**補償（compensation）**を払って音楽を鳴らすのをやめてもらうことができるし，後者の場合なら，AがBに補償を払って音楽を鳴らす許可を得ることができる。AとBのどちらに権利があるかにかかわらず，同じ結果が簡単に達成できるのである。つまり，コースの定理で重要な点は，外部性の問題に関しては，政府は所有権を明確に規定しそれを保護するという最小限の役割だけを行えばよく，あとは私的市場にゆだねるほうがよいということだ。

ここで，念のために述べておくと，多くの読者はなぜ所有権の適切な割り当てが重要なのかと疑問に思うだろう。これについては，スティグリッツが***Principles of Microeconomics (Third Edition)***の中で次のように述べている。

「米国政府は公有地（public land）を牧場経営者に賃貸している。牧場経営者は土地を借りているだけなので，将来土地を利用する可能性のある人に負の外部性をもたらすことがしばしばある。それは，牛に牧草地の草を食べさせ過ぎて，土壌侵食（soil erosion）のような環境破壊（environmental damage）を引き起こしてしまうことがあるからだ。もし，土地の所有権が牧場経営者に売り渡されたならば，牧場経営者は牧草地を注意深く自己管理する動機を持つことになる。」

つまり，人間は自分の所有物になればそれを大切にするというインセンティブを持つ。それを利用すれば，社会の資源配分が適正に行われることが期待できるのである。スティグリッツは，コースの定理にはそのような意味も含まれていると言う。

⑥ コースの定理の限界

コースの定理は外部性の問題解決に画期的な考えを示したが，あまり実際的な（practical）ものではないと言う学者もいる。まず，所有権の割り当てといっても，環境問題などの場合は，被害者が多数にのぼり，所有権の割り当てが難しいというのだ。そして何よりも問題なのは，当事者が交渉に当たって支払う取引費用（transaction cost）が高額に（expensive）なる場合があることだ。当事者が多数いる場合，弁護士費用などが高い場合，あるいは交渉が長期化する場合などには，当事者間の交渉も難しいというのである。このような場合には結局，政府による積極的な介入が必要になってくる。

意味を言ってみよう

- ☐ Coase theorem
- ☐ soot
- ☐ negative externality
- ☐ private cost
- ☐ cattle-raiser
- ☐ crops
- ☐ polluter
- ☐ restrain
- ☐ property right
- ☐ pleasure
- ☐ public land
- ☐ practical
- ☐ social cost
- ☐ florist
- ☐ positive externality
- ☐ maximize
- ☐ farmer
- ☐ acid rain
- ☐ victim
- ☐ reciprocal
- ☐ legal right
- ☐ silence
- ☐ soil erosion
- ☐ transaction cost
- ☐ Pigovian tax
- ☐ beekeeper
- ☐ steel mill
- ☐ inefficient
- ☐ straying cattle
- ☐ sulfur dioxide
- ☐ inflict
- ☐ inflexible
- ☐ social efficiency
- ☐ compensation
- ☐ environmental damage
- ☐ expensive

第3章
金融・国際経済

11. レバリッジ・エクイティ
leverage, equity

【定義】
- レバリッジ：小額の資金でより大きな収益を得ること。
- エクイティ：所有権，自己資本，純資産価値などのこと。

投資レバリッジ

英語の leverage は，元来は少ない力で大きな力を作り出すことができる「てこ」の意味である。経済学でレバリッジという言葉が使われる場合は，通常，少ない借金（debt）をてこにして大きな利益を生み出そうとすることを意味する。この意味でのレバリッジは，正確には，投資レバリッジ（investment leverage）と言われる。

財務レバリッジ

後の項目にも関係するので，ここで述べておくと，投資レバリッジ以外に財務レバリッジ（financial leverage）というものもある。これは企業の財務状況について使う言葉で，資本金に対する負債の割合，すなわち債務自己資本比率（debt-to-equity ratio）を言う。この比率が高いほど，企業は借金を多く抱えて経営していることになり，この比率が少ないほど，借金が少なく，健全な経営（sound management）を行っていることになる。財務レバリッジの例としては，1988年にスイスのバーゼルにある国際決済銀行（Bank for International Settlements, BIS）で合意されたバーゼル合意（Basel Agreements, Basel Capital Accord）もしくは BIS 規制と呼ばれるものがある。これは国際銀行業務（international banking）を行う銀行がグローバル化の波に押されて破綻しやすくなっている側面があることを考慮して，主要先進国が銀行の自己資本比率（capital adequacy ratio），つまり，貸出の総額に対して銀行が保有すべき自己資本の割合について定めたものである。バーゼル合意では，国際業務を行う銀行は自己資本比率を 8% 以上としなければならないことが定められている。この合意の目的は，銀行のレバリッジが高くなることを防止することである。銀行がレバリッジを高くすること，つまり少ない自己資本で多額の貸出をすることは銀行

経営にとって健全ではない，せめて8%ぐらいは自己資金でまかないなさい，というのがバーゼル合意の趣旨である。

投資レバリッジの定義

では，ここで投資レバリッジの定義を英語でまとめておこう。この定義は，**Standard & Poors Dictionary of Financial Terms** からの引用だが，非常にわかりやすいものだ。

> **英語で知識を整理**
>
> **Leverage is an instrument technique in which you use a small amount of your money to make an investment of much larger value. In that way, leverage gives you significant financial power.**
>
> レバリッジは，手持ちの小額の資金を使い，それよりはるかに多額の投資をする投資テクニックである。この方法を使えば，豊富な資金力を得ることができる。

「公平性」の意味のエクイティ

では，次にエクイティの説明に移る。多くの人は，equity という単語を見ると，即座に「公平」とか「公正」といった意味を思い浮かべるだろう。経済学で「公平」が問題になる場合は大別して2つある。1つは課税の公平性である。例えば，所得の多い人により高い税金をかける累進課税（progressive taxation）は公平性の問題である。また，経済活動から得られる利益をどう分配するかという局面でも公平性の問題が生じる。自由市場での競争は本質的に公平で（equitable）はないとの考えに立つなら，経済活動から得られた利益（国民総所得）の配分に当たって公平性を考慮することは当然であるとの考えが出てくる。このような問題を扱う経済学の分野を厚生経済学（welfare economics）と言う。

「所有権」の意味のエクイティ

金融（finance）の分野では，エクイティは多様な意味で使用されるが，基本的には「所有権（ownership）」の意味だと押さえておくと理解しやすい。例えば，

株式を発行している企業に対して所有権を持つことは株式を所有することに他ならないから，エクイティは「株の持分権」の意味になる。また，自己資金1,000万円を支払い，銀行から2,000万円の借金をして，3,000万円の不動産を購入した場合は，その不動産に対する所有権は1,000万円分しかない。このような場合にエクイティが使われたら，「純資産価値（税金，担保，借入金などを差し引いた資産の純粋価格）」の意味になる。

レバリッジとエクイティの具体例

　ここで，住宅購入を例にして，レバリッジとエクイティをもっと具体的に考えてみよう。2011年1月1日に3,000万円の住宅を購入し，2012年1月1日にはその価格が3,600万円に値上がりしたとする。この場合，どれだけの利益を手にしたのか。それは，住宅価格の支払い方法によって異なってくる。①3,000万円を現金で支払う場合と，②600万円の頭金を支払って残りの2,400万円はモーゲージ・ローン（mortgage loan）にする場合，そして③300万円の頭金を支払って2,700万円はモーゲージ・ローンにする場合の3つの例で考えてみる。なお，モーゲージとは「抵当権」のこと。したがって，モーゲージ・ローンとは「不動産抵当貸付」のことだ。銀行が不動産に抵当権を設定する意味は，借り手である住宅購入者がローンを返済できない時，つまり債務不履行（default）に陥った場合には，その不動産を競売（auction）にかけて融資資金を確実に回収するところにある。

　①3,000万円を現金で支払った場合には，利益は600万円，投資資金3,000万円に対する利益率は20％である。②600万円の頭金を支払った場合には，利益は600万円で，投資資金に対する利益率は100％である。③300万円の頭金を支払った場合は，利益は600万円で，投資資金に対する利益率は200％である。小額の資金でより大きな収益を得ることがレバリッジであるから，住宅価格の全額を支払わないで頭金600万円と300万円を支払う場合，レバリッジをかけていることになる。

◆住宅価格が値上がりした場合

購入金額	支払い方法	1年後の住宅価格	利益	利益率
3,000万円	3,000万円（現金）	3,600万円	600万円	20%
3,000万円	600万円（頭金） 2,400万円（ローン）	3,600万円	600万円	100%
3,000万円	300万円（頭金） 2,700万円（ローン）	3,600万円	600万円	200%

　上の例では，利益が上がっているが，いつもよいことずくめではない。そこで，購入住宅の価格が1年後に2,400万円に下落した場合を想定してみよう。① 3,000万円を現金で支払っている場合は600万円の損失で，これは投資金額に対して20％の損失である。頭金を②600万円，③300万円を支払った場合は，それぞれ投資金額に対して100％，200％の損失である。この場合は，頭金が少ないほど損失の割合は大きくなる。

ホームエクイティ

　住宅のエクイティ（純資産価値），つまり**ホームエクイティ（home equity）**はどうなるだろうか。ホームエクイティは住宅の**市場価格（market price）**と借入金額との差である。住宅価格が600万円値下がりした例で考えてみよう。購入価格3,000万円のうち600万円を現金で支払い，残りの2,400万円をローンにした場合は，2,400万円－2,400万円＝0円となる。300万円を頭金として，2,700万円をローンにした場合は，2,400万円－2,700万円＝－300万円となる。ホームエクイティがマイナスになった場合は，住宅の資産価値よりも大きな負債を抱えていることを意味し，このような住宅所有者を英語では**underwater（水面下の）**とか**upside down（逆さまの）**の状態になっていると言う。

　少ない頭金で住宅を購入することの危険性は，近年米国で起こった住宅バブルに如実に示されることになったが，これについては後に説明する。

◆住宅価格が値下がりした場合

購入金額	支払い方法	1年後の住宅価格	損失	ホームエクイティ
3,000万円	3,000万円（現金）	2,400万円	600万円	2,400万円
3,000万円	600万円（頭金） 2,400万円（ローン）	2,400万円	600万円	0円
3,000万円	300万円（頭金） 2,700万円（ローン）	2,400万円	600万円	－300万円

意味を言ってみよう

☐ leverage　　　　　　　　☐ equity　　　　　　　　　　☐ debt
☐ investment leverage　　　☐ financial leverage　　　　☐ debt-to-equity ratio
☐ sound management　　　 ☐ BIS = Bank for International Settlements
☐ Basel Agreements　　　　☐ Basel Capital Accord　　　☐ international banking
☐ capital adequacy ratio　　☐ progressive taxation　　　☐ equitable
☐ welfare economics　　　　☐ finance　　　　　　　　　☐ ownership
☐ mortgage loan　　　　　　☐ default　　　　　　　　　☐ auction
☐ home equity　　　　　　　☐ market price　　　　　　　☐ underwater
☐ upside down

12. 証券化
securitization

【定義】継続的な利益を生み出すことが見込まれる資産を売買可能な証券に変えること。

証券化までのプロセス

最初に，証券化の概要を知るために，具体的な事例で考えてみる。

今，ある銀行が住宅購入希望者に3,000万円を20年間の期間で貸し付け，合わせてその住宅に対し3,000万円の抵当権を設定したとする。この場合，銀行は住宅購入者に対して3,000万円の債権（claim）を所有し，20年間にわたって元本と利息（interest）を割賦方式で受け取ることができ，また，借り手が債務（liabilities）を支払うことができなくなった場合には，抵当権を実行して，競売代金から優先して貸し付けた金額の弁済を受けることができる。そして，借り手の信用度が高ければ（creditworthy），銀行は20年間にわたって，この債権から安全に，しかも予測できる形で，現金の流入を享受できる。

しかし，この債権には銀行に不都合な面もある。20年間経過しなければ，銀行は融資した金額のすべてを回収することはできない。そこで考案されたものが資産担保証券（asset-backed security）と呼ばれるものだ。これは資産を担保にして発行する証券のことである。銀行は，債務者（debtor）に対する債権（債権は資産の一種）を担保にして，市場で売買可能な証券を発行する（issue）ことができる。これを証券化という。

証券化のしくみ

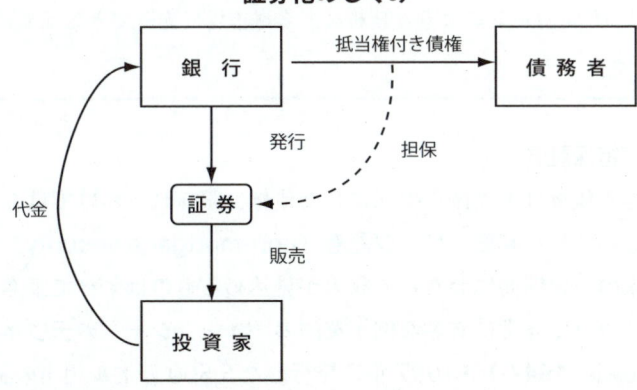

銀行 —抵当権付き債権→ 債務者
銀行 —発行→ 証券
証券 ⇠担保⇠ （債務者）
証券 —販売→ 投資家
投資家 —代金→ 銀行

モーゲージ担保証券

　そして，銀行はこの証券を投資家に売り渡すことで，短期間のうちに融資金額を回収することができ，さらにはそれによって得た資金を別の住宅購入希望者に融資することも可能になる。抵当権付きの債権を証券化したものは**モーゲージ担保証券（mortgage-backed security, MBS）**と呼ばれ，その中で住宅ローン債権を担保にしたものは，**住宅ローン担保証券（residential mortgage-backed security, RMBS）**と呼ばれる。また，モーゲージ担保証券の一種に**債務担保証券（collateralized debt obligation, CDO）**というものがあり，これはモーゲージ担保証券をたくさん集めて一緒にし，パッケージにした証券だ。なぜパッケージにするかというと，債務者が1人もしくは数人に依存したモーゲージ担保証券の場合では，債務者が債務不履行に陥る可能性が高くなるが，それを避けるために，多数の債務者への債権を担保にした証券を発行するのである。多数の債務者が同時に債務不履行になる可能性は低いから，証券の価値が下がるリスクは低くなるのである。なお，債務担保証券はサブプライム・ローンにおいて重要な役割を果たしており，これについては次の項目で詳しく取り上げる。

　では，ここで，証券化の意味を英語で表しておこう。

英語で知識を整理

Securitization means the process of turning a claim, such as a mortgage, into a bond that can be bought and sold in financial markets.

証券化とは，住宅ローンのような債権を，金融市場で売買できる証券に変える過程を意味する。

非モーゲージ担保証券

　証券化できる債権は不動産を担保にした債権に限られるわけではない。不動産を担保にしない証券を**非モーゲージ証券（non-mortgage security）**と言う。要するに，将来の一定期間にわたって収入が見込めるものはすべて証券化が可能なのである。この点で非常に有名な例が英国のミュージシャンの**デヴィッド・ボウイ（David Bowie: 1947-）**が1997年に発行した5,500万ドル相当の証券である。

この証券は，彼が発表した最初の25のレコーディング・アルバムから10年間にわたって得られる利益を担保にしたものだ。しかし，これらのアルバムは思ったほどの収益を上げなかったため，**格付け機関（rating agency）**の**ムーディーズ（Moody's Investor Service）**はこの証券を**ジャンク債（junk bond）**よりやや上と格付けした。なお，ジャンク債とは信用力に疑問のある証券のことを言う。

現在利用されている非モーゲージ証券の代表的なものに，**クレジットカード証券（credit-card security）**がある。これは，クレジットカード債権，つまり銀行が借り手（主に会社）に一定期間，一定限度まで貸し付け，借り手は毎月一定の支払いさえしておけば，限度額まで利用し続けることができる方式の債権を担保にした証券である。クレジットカード証券は日本ではそれほど普及していないが，米国では広く利用されている。また，自動車の購入者が月ごとに支払う債権を担保にした**自動車ローン証券（auto-loan security）**もある。

なぜ証券化するのか

近年，銀行などを中心に証券化が盛んに利用されるようになっているが，それは証券化によって得られるメリットが非常に大きいからだ。すでに，このメリットについては一部述べているが，それ以外のメリットも含め，ここで整理し，確認しておこう。

証券化のメリット

(1) 証券化によって，通常なら手に入れるまでに何ヵ月，何年も待たなければならない利益を直ちに現金化することが可能になり，またこれにより将来へのリスクを回避し，再投資も可能になる。
(2) 音楽アルバムから得られる収入のように，通常なら価値の評価が難しい資産も，証券化によって，**売買の可能な (tradable)** ものにすることができる。
(3) 証券化によって，銀行はバーゼル合意を回避することができるようになる。バーゼル合意とは，国際業務を行う銀行は自己資本比率を8％以上としなければならないというものである。銀行が新たに**融資をする（make a loan）**と，その債権は，貸借対照表，つまり**バランスシート（balance sheet）**の資産の部に登場する。しかし，この資産は債務者が債務不履行に陥って支

払いができなくなる可能性のある資産である。そこで，バーゼル合意は，銀行の自己資本率が8％を下回らないように，融資をするごとにその額に相当する金額を資本として計上するよう定めている。これは銀行にとっては，お金を寝かしておくことに他ならず，有利な投資先が出てきてもその金額分は運用できないことを意味する。ところが，債務者への債権を証券化し販売すれば，その債権は現金化されるから，資本の手当の必要がなくなる。こうして，銀行は証券化によりバーゼル合意を回避できるようになるのである。この点は，後のサブプライム・ローン問題でも重要になってくるので，記憶にとどめておいてほしい。

意味を言ってみよう

- [ ] securitization
- [ ] claim
- [ ] interest
- [ ] liabilities
- [ ] creditworthy
- [ ] asset-backed security
- [ ] debtor
- [ ] issue
- [ ] MBS = mortgage-backed security
- [ ] RMBS = residential mortgage-backed security
- [ ] CDO = collateralized debt obligation
- [ ] non-mortgage security
- [ ] rating agency
- [ ] Moody's Investor Service
- [ ] junk bond
- [ ] credit-card security
- [ ] auto-loan security
- [ ] tradable
- [ ] make a loan
- [ ] balance sheet

経済の気になる論点 ⑨

米国のサブプライム・ローン（subprime loan）が今日の世界的金融危機をもたらしたとされていますが，どうしてそのようなことになったのですか？

Key points!

① サブプライム・ローンとは
② ドットコム・ブーム（the dotcom boom）
③ 金利の値下げと住宅購入へのインセンティブ
④ ファニーメイ（Fannie Mae）とフレディ・マック（Freddie Mac）
⑤ 住宅ローン・ブローカー（mortgage broker）
⑥ トランシュ（tranche）という錬金術
⑦ クレジット・デフォルト・スワップ（credit default swap, CDS）── デリバティブ（derivative）
⑧ システミック・リスク（systemic risk）
⑨ 住宅バブルの崩壊と政府の救済
⑩ バブルを招いた２つの法律

① サブプライム・ローンとは

　サブプライム・ローンとは，通常の貸付基準を満たさない信用力の低い人への住宅ローンを意味する。通常のローンはプライム・ローン（prime loan）と呼ばれる。prime はこの場合「主要な借り手」の意味だから，subprime は「主要な借り手よりも下のランクにある借り手」ということになる。米国では2000年頃からサブプライム・ローンを利用して住宅を購入する人が急増し，これが住宅バブルとなり，2008年にバブルがはじけた。これが世界同時不況（global recession）の引き金になった。
　ここで，サブプライム・ローンを英語でまとめておこう。

英語で知識を整理

A subprime loan is a loan made to homebuyers who don't meet the standards for a prime loan.

サブプライム・ローンとは，プライム・ローンの基準を満たさない住宅購入者への貸付を言う。

② ドットコム・ブーム

　なぜ住宅バブルは崩壊したのか。これを考えるために，歴史の針を1995年頃に戻そう。この頃，米国では情報通信技術，特にインターネットの発達によって，ドットコム・ブームが起こった。インターネットに関連するビジネスなら，世界市場を相手にできるから，永遠に成長し続けることができる。したがって，従来の景気循環のような経済法則はもはや当てはまらないと，多くの人が信じ込んだ。そして，これを裏付けるかのように，インターネット関連の株式が上場されている**ナスダック（NASDAQ）**での**株式取引（stock exchange）**は，ピーク時の2000年には1995年の5倍に増え，株価も上昇していった。しかし，その後2年足らずのうちに**電子商取引（e-business）**の株価が急落し，最終的には4.4兆ドルが失われた。これは当時においては，資本主義の歴史上最大の**株式市場の暴落（stock market crash）**だった。そして，このドットコム・ブームが，実は，サブプライム・ローン問題の種をまいたのである。

③ 金利の値下げと住宅購入へのインセンティブ

　株式市場の暴落後，公定歩合を定め，金融の引き締めや緩和を行う**連邦準備制度理事会（Federal Reserve Board，FRB）**は，経済を活性化するために，金利を6.5％から3.5％に下げた。しかし，これでも足りず，2003年までには金利を1％まで下げた。その結果，米国の金利はインフレ率（物価上昇率）よりも低い状態，つまり，実質金利がマイナスになった。実質金利がマイナスの状況下での賢明な経済的行動とは何だろうか。それは住宅を購入することである。例えば，銀行から年利1％で3,000万円を借りて住宅を購入し，利息を1年後に30万円支払ったとする。この場合，物価上昇率が3％で，住宅価格も1年間に

3％上昇したとするなら，1年後には住宅価格は3,090万円になっている。利息を払っても，60万円の利益を上げることができるのである。しかし，住宅を購入するといっても，多くの人にとって，それは一生に一度の大きな取引であり，また購入住宅に抵当権を設定してローンを組む場合がほとんどだ。本来なら慎重にならざるを得ない取引のはずである。しかし，抵当権付きの債務返済（mortgage repayment）は一見家賃（rent）の支払いに似ている。20年から30年の返済期間が過ぎれば，住宅の所有権が自分のものになる。それに，住宅価格の継続的な値上がりが期待できるなら，ホームエクイティ（住宅の純資産価値）も上昇するから，債務者は万が一失業などで毎月の返済が不可能になったとしても，途中で転売して利益を上げることもできる。実質金利がマイナスであることは，個人の立場から見ても，住宅購入への強いインセンティブになる。

④ ファニーメイとフレディ・マック

　住宅バブルを誘導する他の要因もあった。政府の政策である。政府は，1970年頃から政府系機関である連邦抵当金庫（Federal National Mortgage Association，俗称ファニーメイ）と連邦住宅金融抵当金庫（Federal Home Loan Mortgage Corporation，俗称フレディ・マック）を通して，市民の持ち家（home ownership）を増やす政策を進めた。ファニーメイとフレディ・マックは，銀行と投資家の間に立って住宅購入を進める役割を果たした。具体的に述べると，これら2つの機関は自ら債券を発行・販売し，それで得た資金で銀行の住宅ローン担保証券（RMBS）を購入する。次に，それをパッケージにした債務担保証券（CDO）を投資家に販売し，それによって得た資金でまた銀行の住宅ローン担保証券を購入する。こうすれば，銀行には絶えず資金が注がれるから，銀行は新しい住宅購入希望者に継続的に融資をすることが可能になり，結果として市民の持ち家が進むことになる。

　銀行と投資家の間に立って住宅購入を促進する役割を果たしたのは政府系機関のファニーメイとフレディ・マックだけではない。民間の投資銀行，例えば，ゴールドマン・サックス（Goldman Sacks），モルガン・スタンレー（Morgan Stanley），JPモルガン・チェース（JP Morgan Chase），ベア・スターンズ（Bear Stearns），リーマン・ブラザーズ（Lehman Brothers）なども，投資家に債務担保証券を大量に売りさばいていた。

⑤ 住宅ローン・ブローカー

　さらに，銀行と新しい借り手の間に立って住宅ローンの契約を進める人たちもいた。住宅ローン・ブローカーと呼ばれる人たちだ。彼らは，歩合で働き（work on commission），新しい借り手と住宅ローンの契約を結ぶことによって利益を得ていたが，2003年頃になると，従来の融資基準では新しい借り手を見つけることができないことに気づいた。そこで，住宅ローンの基準を大幅に緩めた。従来は，優良な信用履歴（good credit history）を持ち，購入する予定の住宅価格の少なくとも20％の頭金を支払う準備のある人と契約を結んでいたが，このような基準を満たさないサブプライム・ローンも扱うようになっていた。具体的には，欠陥のある信用履歴を持つ人，わずかな頭金しか支払わない人，所得を示す文書（document）を提出せず自己申告（self-certification）だけで借り手になろうとする人たちとも契約を結んでいった。さらに，彼らは変動金利型ローン（adjustable-rate mortgage）という新しいタイプの住宅ローンも開発した。これは，所得の低い人たちが住宅ローンを組みやすくするために，最初の数年は金利が非常に低いが，後になって急に金利が上昇するものである。

　サブプライム・ローンは債務不履行になる危険性が非常に高い。それを証券化したからといって，直ちにその危険性がなくなるわけではない。そこで銀行は，まるで卑金属から貴金属を作ろうとした中世の錬金術師（alchemist）のように，この点でも創意工夫をほどこした。

⑥ トランシュという錬金術

　銀行は，法律上はまったく別ではあるが事実上銀行と一心同体である特別目的事業体（special purpose vehicle）というものを作り，この会社に大量のモーゲージ担保債権をパッケージにした債務担保証券（CDO）を発行させた。さらにはパッケージ化されたCDOをスライスして販売させていたが，このスライスされた各部を「トランシュ」と言う。トランシュは，上位から下位に，つまり一番安全性の高いAAAから一番安全性の低いCCCまでの等級に分けられ，売り出された。上位になればなるほど，安全性が高いかわりに，利率は低い。下位になればなるほど安全性が低いが，利率が高くなる。その点で，高い利回り（high-return）を求める投資家には魅力がある。注意しなければいけないのは，AAAのトランシュであっても，優良な債権からだけ成り立つわけではなく，そ

の中に不良な債権も含まれていることだ。AAAであろうと，CCCであろうと，脆弱な基盤にその身をゆだねていることに変わりはなかった。英語の諺にあるように，すべてのトランシュが，「樽の中の1つのりんごが樽全体をだめにする（A rotten apple spoils the barrel.）」リスクを背負っていた。

そこで，一役買ったのが格付け機関である。ある調査によれば，CDO全体で見ると，その80％にAAAかAAの評価が与えられていたという（内実は70％がジャンク債だった）。格付け機関がCDOを評価する際のデータは，発行者である銀行の情報に依存せざるを得なかったから，必ずしも的確な評価を下したわけではないのである。

英語で知識を整理

Rating agencies did not always provide accurate ratings of the securities, but a lot of people bought them thinking they were good.

格付け機関は必ずしも証券の正確な格付けを行ったわけではないが，多くの人は証券は優良であると思って購入した。

⑦ クレジット・デフォルト・スワップ ── デリバティブ

さらに驚くべきことに，CDOが原債権が債務不履行になったことから生じる損失を保証する商品まで現れた。これをクレジット・デフォルト・スワップ（CDS）と言う。保険会社のAIG（American International Group）などは，CDSをベア・スターンズ，リーマン・ブラザーズなどの投資会社に大量に販売していた。2008年の住宅バブル崩壊時において，CDS市場は45兆ドルまで膨張していた。

ここで，参考までに述べておくと，銀行が住宅ローンの借り手に対して持っていた原債権から，モーゲージ担保証券（MBS）→債務担保証券（CDO）→クレジット・デフォルト・スワップ（CDS）と次々に商品が生まれている。このような商品を金融派生商品またはデリバティブと言う。英語のderivativeは「他に由来する」という意味だ。したがって，デリバティブとは，その価値が他の資産に由来している商品のことである。デリバティブはよく両刃の

剣（double-edged sword）だと言われる。プラスの面は，**リスク管理（risk management）** に有効であることだ。マイナスの面は，金融の**大量破壊兵器（weapons of mass destruction）** になり得ることだ。サブプライム・ローンの場合は，実際に大量破壊兵器になってしまったのである。ある試算によると，2008年のバブル崩壊時には，米国の銀行業界は全体として約7兆ドルの住宅ローン契約を保持し，そのうちの約20％，金額にして1兆4,000億ドルがサブプライム・ローンであった。そして，この1兆4,000億ドル分のサブプライム・ローンが債務担保証券（CDO）の担保として使用され，CDO市場は14兆ドルにまで膨らまされていたという。CDO市場だけで10倍のバブルである。一番下に破綻する運命にあったサブプライム・ローンがあり，そのてっぺんに膨れ上がった負債バブルがあるという，非常に不安定な逆ピラミッドの構造ができあがっていた。

⑧ システミック・リスク

　こうして住宅バブル崩壊の時期は刻々と近づいていた。それを示す兆候もあった。システミック・リスクである。systemicは「全身を侵す」という意味の医学用語で，人体の組織全体に広がってしまう疾病を指す言葉だ。金融の分野においては，システミック・リスクとは，「ある金融機関が決済不能となることにより，その影響が連鎖的破綻をもたらし，金融全体の機能が混乱に陥る危険性」を言う。リーマン・ブラザーズやベアー・スタンダーズなどが高いレバリッジ取引で（大きな借金をして）クレジット・デフォルト・スワップ（CDS）を購入していたという事実自体が，金融システムがかなり危険な状態に陥っていたことを物語っていた。

　バブル崩壊の模様は**新築住宅販売戸数（new home sales）** によっても確認できる（次ページの図1参照）。この図にあるように，新築住宅販売戸数は2000年から2005年までは上昇しているが，2006年頃から下落し始めている。同じことは**中古住宅販売戸数（existing home sales）** にも言えた。その結果，売れ残り住宅の**在庫（inventory）** が急増した。また，サブプライム・ローンを組んだ人たちを中心にローンの支払いができなくなり，貸し手の銀行は**抵当権実行（foreclosure）** に踏み切ることが多くなった。そしてそれがさらに住宅価格の下落を招き，銀行の**信用収縮（credit crunch）** につながった。これにより，潜在

的住宅購入者が住宅資金を得ることはいっそう困難になり，これがさらに住宅市場を悪化させていった。

図1

New home sales (thousands of homes)

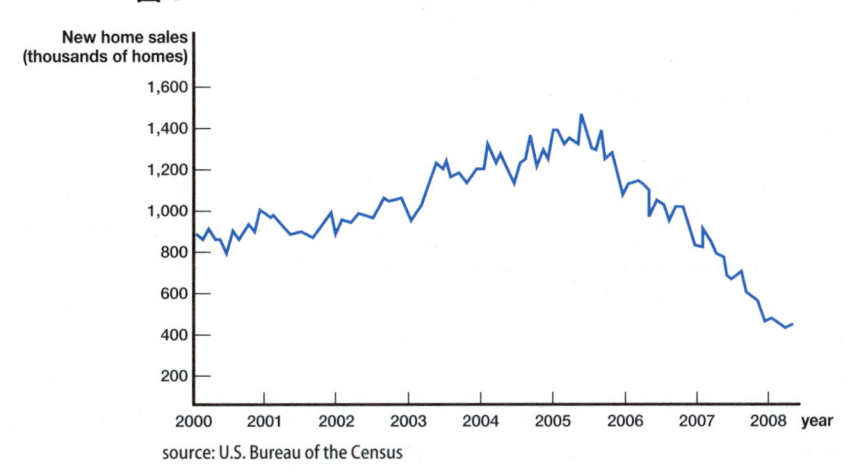

source: U.S. Bureau of the Census

⑨ 住宅バブルの崩壊と政府の救済

バブルの崩壊は，最初にヘッジファンド（hedge fund）を襲った。ヘッジファンドとは，機関投資家（institution）や富裕な個人投資家を対象にし，高いレバレッジ取引によって高利回りを志向する投資ファンドだ。ヘッジファンドはサブプライム・ローンを原債権とする債務担保証券（CDO）を大量に保持していたために，CDO の格付けが下がると，一気に財務状態が悪化した。次に危機に瀕したのが投資銀行である。ヘッジファンドを系列会社に持っていたベアー・スタンダーズは無価値になった CDO を大量に抱えて倒産しかかった。しかし，金融・銀行制度を監督規制する連邦準備制度（Federal Reserve System）と財務省（Treasury）は，ベアー・スタンダーズを倒産させることは経済への悪影響が大きいと判断し，JP モルガン・チェースに買収させた。次に，政府系機関であるファニーメイとフレディ・マックも危機に瀕したが，連邦準備制度と財務省は，それぞれを一部国有化する（part-nationalize）ことで救済した。

以上のような救済措置（bailout）に対しては，モラル・ハザード（moral hazard）の問題が生じるとの批判があった。モラル・ハザードとはもともとは保険の用語である。英語で確認しておこう。

英語で知識を整理

Moral hazard means that people with insurance may take greater risks than they would do without it because they know they are protected.

モラル・ハザードとは，保険をかけている人は，自分が守られていることがわかっているので，保険をかけていない時よりも危険なリスクをとる可能性があることを意味する。

　要するに，ベアー・スタンダーズのような投資銀行の経営者は，自社が破綻しかかっても連邦政府が救済してくれるとわかっているなら，より危険な投資を行う可能性がある，というのである。このような批判を受けて，連邦準備制度と財務省は，2008年9月にリーマン・ブラザーズが破綻しかかった時は，そのまま倒産させた。しかし，これがリーマン・ブラザーズの取引相手（counterparty）に予想外に大きな悪影響を及ぼし，深刻な金融危機の引き金になった。これを考慮して，連邦準備制度と財務省は，米国最大手の投資会社メリル・リンチ（Merrill Lynch）が危機に瀕した時はバンク・オブ・アメリカ（Bank of America）に買収させ，また最大手の保険会社 AIG が倒産しかかった時は一部国有化して救済した。

　米国の住宅バブルの崩壊は海外にも影響を及ぼした。その影響の仕方の一例を述べておこう。米国の銀行や投資機関は信用収縮のために手持ちの資金が足りなくなった。しかし，すでに有毒な資産（toxic assets）となったサブプライム・ローンを原債権とする債務担保証券（CDO）を売ることはできない。そこで健全な資産（healthy assets）に手をつけ，売却せざるを得なかった。その結果，これらの資産の価値が下落し，これと同様の資産を持っている他の国の金融機関の財務状態をも悪化させることになった。

⑩ バブルを招いた2つの法律

　住宅バブルは防げなかったのだろうか。経済学者の多くは，過度の規制緩和（deregulation）を認めた2つの法律に問題があることを指摘している。

1つは「リーグル・ニール州際銀行業務効率化法（Riegel-Neal Interstate Banking and Branching Efficiency Act, IBBEA）」と呼ばれるものだ。これ以前の法律である「銀行持株会社法（Bank Holding Company Act, BHCA）」は，巨大企業の権力を抑制するという意味で，州際合併を禁じ，自州以外の顧客から預金（deposit）を受けることを違法としていた。しかし，IBBEA は銀行に州際合併を認めたのである。これにより，州境に縛られなくなった巨大銀行が誕生し，銀行の寡占化が進んだ。上位5銀行による全預金の占有率（market share）は，2000年の時点で11％，2010年には40％にまで上がっている。寡占化が進むと，巨大企業が政治家に圧力を加えることが多くなるだけではない。破綻しても，「大きくてつぶせない（too big to fail）」という問題も発生する。

　もう1つの法律は1999年の「グラム・リーチ・ブライリー法（Gramm-Leach-Bliley Act）」である。この法律によって米国史上最も重要な銀行規制法であった「グラス・スティーガル法（Glass-Steagall Act）」が撤廃されたのだ。グラス・スティーガル法は1929年の大恐慌の苦い経験から，預金業務と貸出業務を行う商業銀行（commercial bank）と株式や債券の販売を行う投資銀行（investment bank）を峻別し，同時に2つの業務を行うことを禁じていた。これは，銀行が預かった預金で投資を行えば預金者に損害を与えるリスクが高くなるからだ。ところが，グラム・リーチ・ブライリー法はこの法律を撤廃し，商業銀行と投資銀行の合併（merger）を認めたのである。そして商業銀行と投資銀行が合併した時，商業銀行の公益性（utility）よりも投資銀行の投資的性質が優位に立ち，高いレバリッジと大きなリスクを取ることが求められるようになった。スティグリッツの著作 **Free Fall** によると，2002年の時点で，大手投資銀行のレバリッジ比率は29倍に達した，という。

　世界的金融危機の震源地（epicenter）となった米国の金融制度（financial system）の改革にはさまざまな意見があるが，少なくとも上の2つの法律を撤廃し（repeal），以前の法律に近いものを導入することが急務であろう。世界的に著名な金融投資家のジョージ・ソロスも **The Soros Lectures** の中で，次のように述べている。

　「巨大な石油タンカーは，安全性を保つために，船体をいくつにも区切っています。それと同じように，異なった市場の間にも防火壁（firewall）が築かれて

しかるべきでしょう。1933年のグラス・スティーガル法とまったく同じやり方で，投資銀行と商業銀行を分けることは，おそらく実際的ではないでしょうが，さまざまな市場における自己勘定取引（proprietary trading）を分ける内部の区画は設けるべきでしょう。独占に近いポジションを占めている銀行は分割されるべきでしょう。」

なお，「自己勘定取引」とは，銀行や投資会社が顧客のためではなく自社のために行う取引のことで，収益も損失もすべて自社のものとなる。

意味を言ってみよう

- □ subprime loan
- □ the dotcom boom
- □ Fannie Mae
- □ Freddie Mac
- □ mortgage broker
- □ tranche
- □ CDS = credit default swap
- □ derivative
- □ systemic risk
- □ prime loan
- □ global recession
- □ NASDAQ
- □ stock exchange
- □ e-business
- □ stock market crash
- □ FRB = Federal Reserve Board
- □ mortgage repayment
- □ rent
- □ home ownership
- □ work on commission
- □ good credit history
- □ document
- □ self-certification
- □ adjustable-rate mortgage
- □ alchemist
- □ special purpose vehicle
- □ high-return
- □ double-edged sword
- □ risk management
- □ weapons of mass destruction
- □ new home sales
- □ existing home sales
- □ inventory
- □ foreclosure
- □ credit crunch
- □ hedge fund
- □ institution
- □ Federal Reserve System
- □ Treasury
- □ part-nationalize
- □ bailout
- □ moral hazard
- □ counterparty
- □ toxic assets
- □ healthy assets
- □ deregulation
- □ deposit
- □ market share
- □ too big to fail
- □ Glass-Steagall Act
- □ commercial bank
- □ investment bank
- □ merger
- □ utility
- □ epicenter
- □ financial system
- □ repeal
- □ firewall
- □ proprietary tradin

13. 分業・特化
division of labor, specialization

【定義】
- 分業：それぞれの労働者が生産過程の一部に特化する生産方式。
- 特化：それぞれの人が自分の得意分野に従事すること。

『国富論』が説く分業

アダム・スミスの『国富論』の冒頭は分業の話から始まる。スミスはあるピン作りの工場（pin-maker）を見学し，次のような趣旨のことを述べている。

「おそらく1人の職人（workman）がすべての作業工程に従事するなら，精一杯勤勉に働いても1日1本のピンを作ることもまずできないだろうし，ましてや20本を作ることはまったく不可能なことだ。しかし，職人が10人いるこの工場では作業工程が約18の特殊な分野に分かれ，1人が1つの分野か，あるいは2つか3つの分野をこなしている。その結果，1日に合計4万8,000本，1人平均4,800本のピンを作り出している。」

そして，スミスは分業によって生産力が増した理由は3つあるとして，次のものを挙げている。箇条書きにしておこう。

(1) 職人の技能の増進
職人が異なった仕事を同時にやるのではなく，同じ仕事を反復した結果それに熟練した（skilled）こと。
(2) 時間の短縮
ある仕事から別の仕事に移るのに必要とされる時間の節約（saving）のこと。
(3) 機械の発明
労働を促進し（facilitate），短縮し，1人で多くの仕事ができるような機械の発明のこと。そして，注意すべきは，スミスは「機械の発明は分業の結果生じているように思われる」と述べていることだ。つまり換言すれば，分業は発明を生み出す肥沃な環境（fertile environment）になり得るということである。

では、ここで分業と特化を英語でまとめて表してみよう。

英語で知識を整理

Division of labor means the allocation of labor in such a way that each worker specializes in one or a few functions in the production process.

分業とは、生産過程においてそれぞれの労働者が1つもしくは2,3の機能に特化するように労働を配分することを意味する。

重商主義批判

スミスがピン作りの分業を『国富論』の冒頭で述べたのには理由がある。それは『国富論』の4篇に書かれている**重商主義 (mercantilism)** 批判の伏線なのだ。ここで重商主義の意味を確認しておこう。重商主義とは、15世紀の中ごろから18世紀の中ごろまで英国などのヨーロッパ諸国がとった経済政策のことで、「一国の**経済的繁栄 (economic prosperity)** や政治的権力は金・銀などの貴金属の蓄積から生まれ、そのためには輸出を最大化し、輸入**を最小化する (minimize)** 保護貿易主義的な政策をとることがよい」とする理論である。そして、スミスは国の輸入禁止の政策を批判するために、分業を持ち出す。その箇所を紹介しよう。

「ある国が特定の商品を生産する上で他の国よりも優れた**自然の利点 (natural advantage)** を持っていて、この利点が時にはあまりにも大きいために、世界の他のすべての国がこの利点と競争することは無駄であると認めることがある。確かに、スコットランドでも、温室、温床、温壁を使うことによって、かなり上質のぶどうを栽培することはできるし、また外国からワインを輸入する費用の30倍ほどもかければ、このぶどうから輸入品とほぼ同質のかなり上等のワインを作ることもできる。しかし、スコットランドでボルドー産やブルゴーニュ産ワインに相当するようなワインを醸造することを奨励するだけのために、外国産のワインの輸入をすべて**禁止する (prohibit)** ような法律は合理的と言えるだろうか。」

こう述べた後で、スミスは次のように結論付ける。

「ある国が他の国よりも優れている利点が、自然的なものであるか、後天的に**獲得された（acquired）**ものであるかはこの点においては重要ではない。ある国がこれらの利点を持ち、他の国がこれらを欠いている限りは、後者にとっては、自国で作るよりも前者から買うほうが、常に**有利で（advantageous）**あろう。」

絶対優位

以上の引用の中でスミスが述べている自然的利点や後天的に**獲得された利点（acquired advantage）**が、後世の経済学者が**絶対優位（absolute advantage）**と呼んでいるものだ。なお、後天的に獲得された利点とは、例えば日本のように自然資源にはあまり恵まれていない国でも、貯蓄をし、資本蓄積を行い、技術を磨いて、自動車のような商品の生産において優位を持つような場合を言う。

ここで、絶対優位とは何か、英語で整理しておこう。

英語で知識を整理

If a country can produce something more cheaply than any other country, it has an absolute advantage.

ある国が他の国よりもより安くある物を生産できる場合は、その国は絶対優位を持つ。

絶対優位という用語を使ってスミスが言いたかったことを整理すると、こうなるだろう。

「フランスは自然的な利点のおかげでワインの生産においては他の国よりも安く生産することができるから、この点において絶対優位を持つ。したがって、スコットランドは自国でワインを作るよりもフランスからワインを輸入するほうが費用がかからず、経済的には効率的である。」

意味を言ってみよう

- division of labor
- specialization
- pin-maker
- workman
- skilled
- saving
- facilitate
- fertile environment
- mercantilism
- economic prosperity
- minimize
- natural advantage
- prohibit
- acquired
- advantageous
- acquired advantage
- absolute advantage

14. 比較優位
comparative advantage

【定義】 ある国が，B財よりもA財を，他の国に比し相対的に低い費用で生産できる利点。

比較優位と国際貿易

　経済学者のサミュエルソンが，ある数学者から，「社会科学（social science）の中で，真理であって，かつ非常に重要な理論を1つ挙げてみてください」と聞かれた時，それは比較優位の理論だと答えたという。比較優位の理論は，アダム・スミスに次ぐ古典派経済学者であるリカードが築き上げた一大理論である。リカードは，スミスと同様に，当時の地主階級（gentry）が唱える穀物の輸入反対と保護貿易主義（protectionism）擁護を打破するための理論的武器として，比較優位の理論を発表したが，結果として，この理論は自由な国際貿易（international trade）を支持する盤石の基礎を提供することになった。

比較優位の例

　リカードは比較優位を説明するのに布地とワインを例にとっているが，ここでは便宜のために工業製品（industrial product）と農産品（agricultural product）によって説明する。まず，次の表を見ていただきたい。

	工業製品1単位	農産品1単位
日本	1人	2人
ベトナム	4人	4人

　この表では，日本では工業製品1単位を作るのに1人，農産品を1単位作るのに2人必要である。それに対し，ベトナムでは工業製品1単位を作るのに4人，農産品を1単位作るのに4人が必要である。工業製品を作るにも，農産品を作るにも，ベトナムよりも日本のほうが安く生産できる。言葉を変えるなら，日本の労働者は，工業製品を作るにも，農産品を作るにも，生産性が高い（productive）ということになる。これは日本が工業製品でも農産品でもベトナムに対して絶対優位を持つということだ。したがって，ここから導き出される結論は，「日本は自国で安く生産できるのだから，ベトナムから何も輸入する必要

はない」ということになるはずである。しかし，リカードは，この場合でも互いに貿易をすることによって得られるものがあると主張した。

リカードはこう考えた。工業製品1単位を作るのに，日本はベトナムの4分の1の費用（日本：ベトナム＝1：4）で作れる。それに対して，農産品1単位を作るには，2分の1の費用（日本：ベトナム＝2：4）で作れる。したがって，日本は工業製品のほうが安く作れるのだから，その限られた大切な労働力（労働力は無限ではない）を工業製品のほうに多くシフトし，農産品はベトナムから輸入したほうがよい。一方，ベトナムは，その限られた労働力を工業製品よりも農産品にシフトしたほうがよい。そして，日本はより多く作った工業製品の一部をベトナムに輸出し，ベトナムはより多く作った農産品の一部を日本に輸出したほうがよい。つまり，一種の国際的な分業を行ったほうがよい。そうすれば，交易がない場合に比べて，両国とも工業製品も農産品もより多く享受でき，国民の生活水準も引き上げられる。

比較優位の定義

以上が，リカードが唱えた比較優位の概要である。では，ここで比較優位を英語で表しておこう。これはサミュエルソンの定義である。

> **英語で知識を整理**
>
> **The principle of comparative advantage holds that each country will benefit if it specializes in the production and export of those goods that it can produce at relatively low cost. Conversely, each country will benefit if it imports those goods which it produces at relatively high cost.**
>
> 比較優位の原理は，それぞれの国は，比較的安い費用で生産できる財の生産と輸出に特化するなら利益が得られ，逆に比較的高い費用で生産する財は輸入したほうが利益が得られる，とするものだ。

結局，リカードが言いたかったことは，自由貿易の下では，それぞれの国が比較優位を持つ財の生産に特化するならば，**生産の効率性（production** efficiency）が高まり，それぞれの国が以前よりもより豊かになる，だからこそ自由貿易を推進すべきだ，ということである。

比較優位で注意すべき点

比較優位の理論が，経済学上の基本的真理を表していることに，学者間において異論はないが，注意すべき点もある。これまでに述べたものも含めて，それらをまとめておこう。

比較優位の理論に関し注意すべき点

(1) 比較優位になり得るものは，気候や**地理（geography）**といった**自然的な資源（natural endowments）**だけではない。後天的に**獲得された資源（acquired endowments）**，スイスの時計産業などに見られる**技術（technology）**や**専門知識（expertise）**も含まれる。

(2) 比較優位は**固定的な（static）**ものではなく，変動し得るものである。**観光産業（tourism industry）**に加えて，長年の継続的な努力によって高度な時計産業を築き上げ，この点で差別化したスイスがよい例である。

(3) 比較優位の理論は国家間だけでなく，個人間にも当てはまる。例えば，**法律事務（legal business）**においても，早くタイプを打つことにおいても絶対優位を持つ弁護士は，それでもタイプを打つことは秘書に任せるべきだ。なぜなら，弁護士は法律事務において比較優位を持ち，秘書はタイプを打つことにおいて比較優位を持つからだ。

意味を言ってみよう

- ☐ comparative advantage
- ☐ social science
- ☑ gentry
- ☐ protectionism
- ☐ international trade
- ☐ industrial product
- ☐ agricultural product
- ☐ productive
- ☐ production efficiency
- ☐ geography
- ☐ natural endowments
- ☐ acquired endowments
- ☐ technology
- ☐ expertise
- ☑ static
- ☐ tourism industry
- ☐ legal business

経済の気になる論点 ⑩

現在の標準的な貿易理論として**ヘクシャー・オリーンの定理（Heckscher-Ohlin theorem）**と呼ばれるものがあるそうですが，それはどのようなものですか？

Key points!
① **要素集約度（factor intensity）**という考え
② ヘクシャー・オリーンの定理の内容
③ **レオンチェフの逆説（Leontief paradox）**
④ 逆説の検証──「資本」の見直し

① 要素集約度という考え

ヘクシャー・オリーンの定理とは，スウェーデンの経済学者である**ヘクシャー（Eli F. Heckscher: 1879-1952）**と**オリーン（Bertil Gotthard Ohlin: 1899-1979）**によって唱えられた国際分業パターンの決定に関する理論である。この理論は，財やサービスの生産に投入される**生産要素（factor of production）**，すなわち資本と労働に着目する理論なので，要素賦存説とも呼ばれている。

ヘクシャー・オリーンの定理を理解するために，最初に要素集約度について説明する。生産者が財を生産する時，いつも資本と労働を同じ割合で使用するわけではない。その財がどのようなものかによって，生産に使用される生産要素の割合は異なる。例えば，**石油精製所（oil refinery）**と**衣服工場（clothing factory）**を比べた場合，前者のほうが労働者１人につき使用する資本は多くなる。つまり，生産要素に占める割合は労働よりも資本のほうが多い。したがって，**石油精製（oil refining）**は**資本集約型（capital-intensive）**になる。一方，衣服の製造は資本に対して労働の割合が高くなるので**労働集約型（labor-intensive）**になる。

② ヘクシャー・オリーンの定理の内容

では，ここでヘクシャー・オリーンの定理を英語で表してみよう。

英語で知識を整理

The Heckscher-Ohlin theorem states that a country has a comparative advantage in a good whose production is intensive in the factor or resource that is abundantly available in that country.

ヘクシャー・オリーンの定理によると，ある国は，その生産がその国で豊富に入手できる要素あるいは資源において集約的である財について，比較優位を持つ。

この定義を理解するために，日本のある衣料メーカーがバングラデシュで工場建設を考えているとしよう。バングラデシュでは労働は豊富に入手できるが，資本には恵まれていない。このような場合，上の定義によれば，バングラデシュは，労働集約型の生産，例えば衣服の製造において比較優位を持ち，より安く生産できる。一方，米国のように資本が豊富にある国では，資本集約型の生産，例えば，航空機（aircraft）や医療器具（medical equipment）の製造において比較優位を持ち，より安く生産できる。つまり，それぞれの国は，自国に潤沢に存在する生産要素を集中的に利用するような産業において比較優位を持つということである。そして，ここから次のような結論が導き出される。

英語で知識を整理

Labor-rich countries export goods which are intensive in labor, and import capital-intensive goods; capital-rich countries export goods which are intensive in capital, and import labor-intensive goods.

労働が豊富な国は，労働集約型の財を輸出し，資本集約型の財を輸入する。資本が豊富な国は資本集約型の財を輸出し，労働集約型の財を輸入する。

つまり，バングラデシュは労働集約型の財（衣服）の製造・輸出に特化し，資本集約型の財（航空機や医療器具）は米国から輸入する。米国は，資本集約型の財（航空機や医療器具）の製造・輸出に特化し，労働集約型の財（衣服）はバングラデシュから輸入する。こうして国際的分業のパターンが決まるという。

　ヘクシャー・オリーンの定理は南北間の貿易をうまく説明しているように思われる。資本がたくさんある工業国のほとんどは北半球（the northern hemisphere）にあり，労働力が豊富にある途上国のほとんどが南半球（the southern hemisphere）にある。そして，先進国は資本集約型の財を途上国に輸出し，途上国は労働集約的な財を先進国に輸出する。ヘクシャー・オリーンの定理はこのような貿易理論を裏付けている。しかし，実際に行われている貿易の大半は要素集約度や技術レベルが同じ国どうし，つまり北と北，南と南で行われている。ヘクシャー・オリーンの定理では，この点をうまく説明できない。さらに，ヘクシャー・オリーンの定理に痛烈な一撃を加えたのが「レオンチェフの逆説」と呼ばれるものだ。

③ レオンチェフの逆説

　レオンチェフ（Wassily Leontief: 1906-99）はロシアのサンクト・ペテルブルク生まれで，のちに米国に移住し，ハーバード大学に教職を得た経済学者だ。彼は産業連関表（the input-output table）を考案した功績で1973年のノーベル経済学賞を受賞している。産業連関表は，国民経済の分析法の1つであり，GDP統計が中間財を除いた付加価値（added value），つまり最終需要のみを対象とするのに対して，原材料として使われるすべての財やサービスを対象とする。したがって，産業連関表は，一国の経済システムの産業間の（inter-industry）関係を理解するのに不可欠なものである。レオンチェフはこの産業連関表に基づいて，輸出入に関わる産業分野を特定し，ヘクシャー・オリーンの定理が正しいかどうか検証した。具体的には，1947年度の米国の輸出と輸入のそれぞれに含まれる資源の割合，つまり要素集約度を計測した。米国は他の国に比べて労働よりも資本のほうが圧倒的に多いのだから，ヘクシャー・オリーンの定理によれば，米国の輸出は資本集約型になり，輸入は労働集約型になるはずである。しかし，レオンチェフが発見したのは，意外にも，逆であった。米国は労働に集約した製品を輸出し，資本集約度の高い製品を輸入していたことがわかった

のである。レオンチェフの計測によると，米国の輸入財と輸出財の資本と労働の割合は次の表のようになる。

	資本額	労働時間
輸出（100万ドル）	255万ドル	182人分（年間）
輸入（100万ドル）	309万ドル	170人分（年間）

この表から，労働時間に対する資本額の**比（ratio）**は輸出よりも輸入のほうが高いことがわかる。具体的に見ると，輸出は 255 : 182 = 1.401 : 1 であり，輸入は 309 : 170 = 1.817 : 1 となり，1.817 > 1.401 である。つまり，米国は輸入のほうが資本集約型になっていたのだ。

では，以上の流れを踏まえて，ここでレオンチェフの逆説を英語でまとめてみよう。

英語で知識を整理

According to Leontief's analysis, contrary to Heckscher-Ohlin theorem, goods that the United States exported were slightly less capital-intensive than goods the country imported.

レオンチェフの分析によると，ヘクシャー・オリーンの定理とは逆に，米国の輸出財は，若干，輸入財ほど資本集約型ではなかった。

④ 逆説の検証──「資本」の見直し

ヘクシャー・オリーンの定理とレオンチェフの逆説の矛盾はどう解するべきなのか。前者の理論に間違いがあるのだろうか。それとも，レオンチェフの分析に間違いがあったのだろうか。レオンチェフ自身も指摘しているように，この矛盾は「資本」を分析することによって説明が可能になった。米国が資本集約的という時，それは機械や建物といった**物的資本（physical capital）**において集約的というよりもむしろ**技術集約的（skill-intensive）**，つまり人的資本において集約的である。例えば，米国の最大の輸出部門の1つである航空機産業では，**高度な教育を受けた（highly educated）**労働者の割合が非常に高い。これは，国や企業がそのような労働者の育成にかなりの資本を使っていることを意味する。つ

まり，米国の輸出産業における労働者には資本の要素が隠されているのである。上の表で，100万ドル相当の輸出を行う時，米国では年間にして182人分の労働が必要とされているが，この中には資本の要素も含まれている。だから，実際には米国の輸出は，この表が示す見かけの数字よりも，もっと資本集約的である。この見解によれば，ヘクシャー・オリーンの定理とレオンチェフの逆説は矛盾しないことになる。

　レオンチェフの逆説をどう受け止めるべきかに関しては，これ以外にもさまざまな考え方が示されているが，いまだ決着はついていない。しかし，レオンチェフの逆説が国際貿易の分業パターンの研究をより精緻なものにする契機になったことは意味深いことであろう。

意味を言ってみよう

- ☐ Heckscher-Ohlin theorem
- ☐ factor intensity
- ☐ Leontief paradox
- ☐ factor of production
- ☐ oil refinery
- ☐ clothing factory
- ☐ oil refining
- ☐ capital-intensive
- ☐ labor-intensive
- ☐ aircraft
- ☐ medical equipment
- ☐ the northern hemisphere
- ☐ the southern hemisphere
- ☐ the input-output table
- ☐ added value
- ☐ inter-industry
- ☐ ratio
- ☐ physical capital
- ☐ skill-intensive
- ☐ highly educated

15. 関税
tariff

【定義】 輸入品に課せられる税のこと。

保護貿易主義と貿易障壁

前項までで，自由貿易の下で，それぞれの国が比較優位を持つ財の生産・輸出に特化し，それ以外の財は外国から輸入すること —— これがすべての国に利益をもたらす貿易理論である，ということを学んできた。

しかし，経済学の理論が教えることとは裏腹に，実際には，多くの国が大なり小なり，保護貿易主義を実践している。保護貿易主義とは，外国との競争から**国内産業（domestic industry）**を保護するために，人為的な**貿易障壁（trade barrier）**を設けることだ。その最たるものが関税だが，それ以外の貿易障壁にどんなものがあるかにも触れておく。

貿易障壁

(1) 関税

輸入品に課せられる税金のこと。通常は輸入品の価格の**一定率（fixed percentage）**を課する形をとる。これを専門用語で**従価関税（ad valorem tariff）**と言う。関税は，輸入品の価格を高くして競争力をそぎ，国内で生産される製品や産物を保護する役目を持つ。関税の主たる機能は国内産業の保護だが，外国に対する**報復（retaliation）**や国の**財源（source of revenue）**の確保として利用されることもある。

(2) **輸入割当て（import quota）**

輸入品に対する**量的制限（quantitative restriction）**である。輸入品を制限するには，関税よりも輸入割当てのほうが効果的である。なぜなら，いったん輸入品が制限量まできたら，それ以上はもはや輸入できないからだ。そのために，**自由貿易協定（free-trade agreement）**などでは通常，輸入割当てが真っ先に撤廃される。

(3) **非関税障壁（non-tariff barrier）**

これは関税や輸入割当てを除く，外国市場で物を売ることを困難にするよう

な**非公式的な (informal)** 制限や規則を言う。主に，輸入商品に不利な，製品の安全基準や環境保護に関する規則などを指す。これ以外の非関税障壁としては，輸入手続きの意図的遅延，政治的理由からの外国船の**港内出入禁止 (embargo)**，さらには特定企業や特定国をターゲットにした市民による**商品不買運動 (boycott)** などがある。

(4) 補助金

国際的競争力がない産業や国策上保護が必要な産業への補助金である。補助金が交付された産業は製品や産物の価格を人為的に低くできるから，同様の輸入品と競争することができるようになる。補助金は間接的に輸入を制限する機能を持つ。

では，ここで今までの説明を英語で整理しておこう。

英語で知識を整理

Protectionism means the imposition* of tariffs, import quotas or non-tariff barriers to restrict the inflow of imports.

保護貿易主義とは，輸入品の流入を制限するために，関税，輸入割当て，非関税障壁などを課することを意味する。

* imposition = 課すること，賦課 （impose の名詞形）

関税の効果

最後に，ある国が輸入農産物（砂糖としておく）に関税を課した時，どのようなことが起こるかを整理しておく。

(1) 消費者は，自由貿易の場合に比し，高い砂糖の代金を支払わなければならなくなる。理由はこうだ。その国の農業を外国市場に開放し，関税も非関税障壁もさらには**輸送コスト (transportation cost)** もないと仮定しよう。するとその砂糖の価格は世界市場の価格と同じになる。目先の利く輸入業者がその国よりも砂糖の価格が低い国から輸入するからだ。関税はこのような価格の低い砂糖の流入をストップさせてしまい，結果として，消費者

は高い代金を支払うことになる。
(2) 自由貿易の場合と比べると，砂糖農家の生産が拡大し，その面での雇用は増えるが，同時に砂糖を使う他の産業（例えば，菓子産業）はコスト高により仕事が減る。
(3) その国の総所得が減少する。比較優位に従って**経済的効率性（economic efficiency）**を達成していないからだ。

意味を言ってみよう
- ☐ tariff
- ☐ domestic industry
- ☐ trade barrier
- ☐ fixed percentage
- ☐ ad valorem tariff
- ☐ retaliation
- ☐ source of revenue
- ☐ import quota
- ☐ quantitative restriction
- ☐ free-trade agreement
- ☐ non-tariff barrier
- ☐ informal
- ☐ embargo
- ☐ boycott
- ☐ imposition
- ☐ transportation cost
- ☐ economic efficiency

経済の気になる論点 ⑪

保護貿易主義を擁護する論拠にはどのようなものがありますか？

Key points!
① 保護貿易主義の４つの論拠
② 論拠１：雇用を創設する（create jobs）
③ 論拠２：高い賃金（high wages）を維持できる
④ 論拠３：国の安全（national security）を守る
⑤ 論拠４：幼稚産業（infant industry）を保護する

① 保護貿易主義の４つの論拠

保護貿易主義を擁護する人たちが通常挙げる論拠は，保護貿易主義は（1）雇用を創設する，（2）高い賃金を維持できる，（3）国の安全を守る，（4）幼稚産業を保護する，の４つである。

以下，これらの論拠を順に検討していく。

② 論拠１：雇用を創設する

保護貿易主義の結果として，国内産業に新たな雇用（additional jobs）が生み出されるという主張である。

これに対しては，通常，経済学者は，こう反論する。新たに生まれた雇用は別のセクターで失われた雇用によって相殺されて（be offset）しまう，と。例えば，従来から価格の低い輸入砂糖を使用していた製菓産業（confectionery industry）は，保護貿易主義の結果，価格の高い国内の砂糖を使わざるを得なくなり，その結果，仕事が減り，雇用が減少する。こうして新たに生み出された雇用は相殺されてしまう，という理屈である。

では，この経済学者の主張を英語で表してみよう。

英語で知識を整理

Economists argue that additional jobs created in domestic industries are offset by the jobs lost elsewhere, such as industries that have to buy more expensive imported goods.

経済学者は，国内産業で生み出された新たな雇用は，より価格の高い輸入財を購入せざるを得ない他の産業で失われる雇用によって相殺されてしまう，と主張する。

③ 論拠２：高い賃金を維持できる

これは，自由貿易にすると，高い賃金を払っている国の企業は，途上国と競争するために賃金を低くせざるを得なくなる，だから保護貿易主義を行うことによって，高い賃金を維持すべきだという主張である。

これに対して，経済学者はこう反論する。実際には，自由貿易こそが国民の所得を引き上げる。保護貿易主義を実践して，他の国からもっと安く（inexpensively）輸入できる財を自国で生産することは，比較優位の理論に従えば，資源を効率的に利用していないことになるから，結局は国民の所得を引き下げてしまう。

これを理解するために，具体的な事例として，前の項目（13. の「分業，特化」）で紹介した，アダム・スミスの次のような主張を再度取り上げてみよう。

寒い国のスコットランドでも，温室，温床，温壁を利用し，外国からワインを輸入する費用の約 30 倍をかけることによって，上質のワインを製造することは可能だが，外国からもっと安く輸入できるのだから，外国産のワインの輸入を禁止することは馬鹿げている。

では，スミスの主張に従って，保護貿易主義をやめ，外国産のワインを輸入したらどうなるだろうか。まず，スコットランド産の高いワインはイタリアやフランス産の価格の低いワインとは競争することができないから，スコットランドのワイン醸造所（winery）の労働者は失業に追いやられる。だが，同時にスコットランド人の生活水準は上がるのだ。なぜかと言うと，ワインの醸造に使用されていた生産要素，具体的には労働，機械（machinery）やその他の資源が，ワイ

ンの製造からスコットランドが比較優位を持つ財やサービスにシフトされ，より効率的に資源が利用されるようになるからだ。以上から，保護貿易主義を実践すれば高い賃金を維持できるという主張は，それほど説得力のあるものではない。

④ **論拠3：国の安全を守る**

　論者によって異なるが，ここで言う国の安全には，国防，自由（liberty），文化的伝統（cultural traditions），人権（human rights），食やエネルギーなどの自給（self-sufficiency）が含まれる。この説は，国には経済的効率性や経済的福祉（economic welfare）とは交換できない価値があり，それらは保護貿易主義を貫いても守るべきだと主張する。また，戦争などの国際的紛争（international conflict）のことを考えると，財によっては外国からの輸入にだけ頼るのは得策ではない，といった配慮もある。例えば，米国国防省（the U.S. Defense Department）は，1980年代に，ハイテク兵器に使用する半導体（semiconductor）を日本や他の国の供給業者に過度に依存することは得策ではないと主張したことがあるが，それは国防上の理由からであった。また，フランスは米国からの映画に厳格な輸入割当てを行っているが，それはフランスの市民を米国の「粗野な（uncivilized）」映画から守りたいという文化的理由からである。

　この説に対しては，大方の経済学者は一定の理解を示し，ある程度の保護貿易主義はやむを得ないと考えているようだ。

⑤ **論拠4：幼稚産業を保護する**

　ある国がある産業において比較優位を持つ（あるいは，持ち得る）が，他の国と比べるとその産業に遅れて参入したために，創業時において高コストに苦しむことがある。そのような場合に，その新しい産業が外国の産業と競争できるようになるまで一時的に（temporarily）関税などによって保護すべきであるというのが幼稚産業保護論の骨子である。このような主張は，保護貿易主義を否定し，自由貿易をよしとする経済学者たちも認めている。例えば，ケンブリッジ大学で長らく教鞭をとり，また世界銀行のコンサルタントとしても活躍してきた韓国人の経済学者チャン（Ha-Joon Chang: 1963-）は，その著書 *Bad Samaritans* の中で次のように述べている。英語で読んでみよう。

英語で知識を整理

Industries in developing countries will not survive if they are exposed to intentional competition too early. They need time to improve their capabilities by mastering advanced technologies and building effective organizations.

途上国の産業は，あまり初期のうちから国際的競争にさらされたなら，生き延びることはできないだろう。こういう産業は，先端技術を身につけ，効率的組織を築くことによってその能力を高める時間が必要なのである。

チャンがこのような主張をするには理由がある。チャンは日本の自動車メーカーのトヨタの例を取り上げる。現在，トヨタはレクサスという世界的に有名な高級車を製造販売しているが，50年前には粗悪な自動車しか作れなかった。当時，日本はシルクなどの繊維産業を主産業にし，トヨタの前身である豊田自動織機は繊維用機械（textile machinery）を製造する会社であった。しかし，日本政府は繊維産業に未来がないことを察知していたため，豊田自動織機がトヨタという別会社を作って，自動車メーカーとして出発する際には全面的に支援した。政府は外国車の輸入に高い関税をかけ，トヨタが倒産の瀬戸際に立たされた時には，国から資金を拠出してトヨタを救済した。このような保護があったからこそ，今日のトヨタがある。

ところが，近年，新自由主義（neo-liberalism）を思想的バックボーンとするグルーバル化の中で，途上国は，世界貿易機構（World Trade Organization）や世界銀行（World Bank，正式名称は国際復興開発銀行 International Bank for Reconstruction and Development, IBRD）の指導の下，自由貿易や民営化（privatization）を選択することを余儀なくされた。もし他の選択肢をとるなら，それは仲間はずれになることを意味した。かくしてメキシコのように，自由化（liberalization）を推し進めた結果，期待とは裏腹に経済的成長は鈍化してしまったのである。この例からわかるように，途上国が経済のどの発展段階にあるかを考慮せず，一律に自由化を推し進めるのは間違っている。

以上がチャンの主張である。しかし，多くの経済学者は次のような理由を挙げ

て，幼稚産業を保護することをあまり歓迎していない。

幼稚産業の保護に賛成しない理由
(1) 理論的には幼稚産業を保護すべき理由はあるが，実際には新しい産業が保護を受けることは難しい。なぜなら，新しい産業は政府から保護を引き出すほどの政治的影響力（political influence）を持っていないからだ。むしろ，政治力を持つ古い産業が絶滅（extinction）から自らを救うために，政府から保護を引き出しているのが実態だ。
(2) 政府は，必ずしも，何が将来成長が見込める新興の産業（emerging industry）なのか，見極めることはできない。
(3) 途上国の例を見ると，幼稚産業はなかなか成長していない。したがって，保護が永続的なものになってしまう。
(4) 幼稚産業が自立できる程度に成熟した（mature）としても，保護を打ち切ることが難しいことが多い。

意味を言ってみよう

- □ create jobs
- □ high wages
- □ national security
- □ infant industry
- □ additional jobs
- □ be offset
- □ confectionery industry
- □ inexpensively
- □ winery
- □ machinery
- □ liberty
- □ cultural traditions
- □ human rights
- □ self-sufficiency
- □ economic welfare
- □ international conflict
- □ the U.S. Defense Department
- □ semiconductor
- □ uncivilized
- □ temporarily
- □ textile machinery
- □ neo-liberalism
- □ World Trade Organization
- □ World Bank
- □ IBRD = International Bank for Reconstruction and Development
- □ privatization
- □ liberalization
- □ political influence
- □ extinction
- □ emerging industry
- □ mature

経済の気になる論点 ⑫

為替レートはどのような要因によって決定されるのですか？

Key points!
① ビッグマック（Big Mac）による為替レートの推定
② 為替レートは需給関係で決まる
③ 為替レートの3つの決定要因

① ビッグマックによる為替レートの推定

　ある国の貨幣（currency），例えば，日本の円（yen），米国のドル（dollar），英国のポンド（pound），EU諸国のユーロ（euro），中国の人民元（renminbi，ちなみに yuan は貨幣の単位），ノルウェーのクローネ（krone），アルゼンチンのペソ（peso）などの価値は何によって決定されるのか。それはその通貨で何が買えるかによって決定される。したがって，各国の通貨の価値は，同一の品物をそれぞれの国でいくらの価格で買えるかを調べ，それらの価格を比較すればよいことになる。例えば，コメを1キロ買う価格を比較すればよい。ところが，コメといっても，日本のコメとインドのコメとタイのコメでは種類が異なるから，同一の品物ではない。各国でまったく同一の品物を探すのは至難の業だが，実はそれがあるのだ。マクドナルドのビッグマックだ。マクドナルドは約120の国でまったく同じレシピ（recipe）に従ってビッグマックを作っていることをうたい文句にしている。

　英国の **the Economist** という雑誌は，毎年，ビッグマックを基準として各国の通貨の価値を調査し発表している。ちなみに，*the Economist* はこの評価方法をバーガーノミクス（burgernomics，「バーガー経済学」の意）と呼んでいる。2009年7月16日号の *the Economist* に掲載されていた調査結果の一部を紹介しよう。なお，基準となるビッグマックは米国では1つ3.57ドルである。

国	ビッグマックの価格	予想される為替レート	実際の為替レート
米国	3.57 ドル		
日本	320 円	1 ドル = 89.6 円	1 ドル =92.6 円
アルゼンチン	11.5 ペソ	1 ドル = 3.22 ペソ	1 ドル =3.81 ペソ
英国	2.29 ポンド	1 ドル = 0.64 ポンド	1 ドル = 0.62 ポンド
ノルウェー	40 クローネ	1 ドル = 11.2 クローネ	1 ドル = 6.51 クローネ

　日本ではビッグマックは1つ320円。これを3.57で割ると，ビッグマックを基準とした1ドル当たりの円の価値，つまり予想される為替レートとなり，それは89.6円である。この数字は実際の為替レート92.6円にかなり近い。アルゼンチンのペソも，英国のポンドも予想される為替レートは実際の為替レートに近い。これらの例から，ある国である価格で買える商品が他の国ならいくらで買えるかを示す交換レート（これを**購買力平価, purchasing power parity** と言う）によって実際の為替レートを推定することが可能になる。しかし，上の表の一番下の行を見ると，ノルウェーのクローネは予想される為替レート11.2と実際の為替レート6.51クローネとでかなりの差が出ていることがわかる。結局，購買力平価は為替レートを推定する一応の基準にはなり得るが，それほど正確なものではないことがわかる。

　ここで，先に進む前に，為替レートの意味を英語で確認しておこう。

英語で知識を整理

An exchange rate is the rate at which one country's currency is exchanged for the currency of another country.

為替レートとは，ある国の通貨が他の国の通貨と交換される比率のことである。

② **為替レートは需給関係で決まる**

　では，実際のところ，為替レートは何によって決定されるのか。それは通常の財やサービスの価格と同様に，市場における需要と供給の関係によって決定される。この場合の市場とは**外国為替市場（foreign exchange market）**であり，ロンドン，ニューヨーク，東京の3つが世界の主要な金融センターである。

　為替レートがどのように決定されるかを次ページの図1で説明する。

図1

為替レート（¥/$）

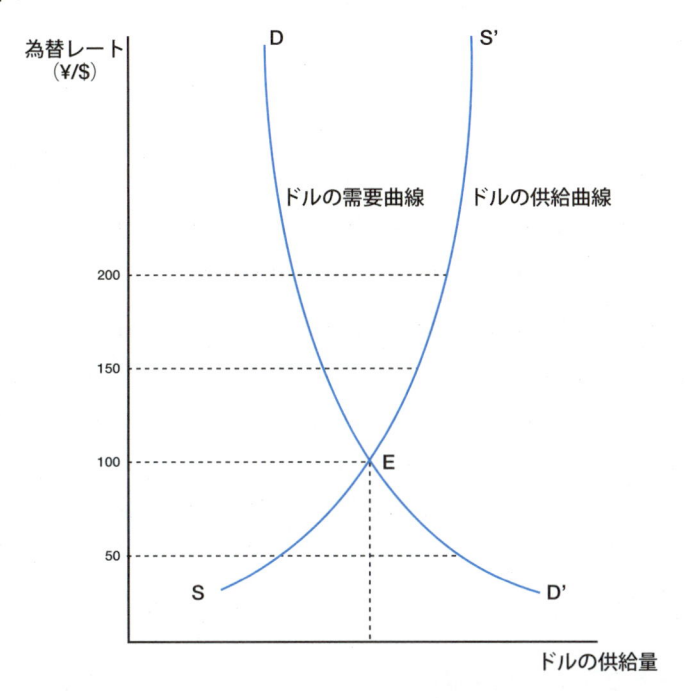

縦軸に沿って 50, 100, 150, 200 の目盛り。点 E は (100) で需要曲線 DD' と供給曲線 SS' が交差。D は左上、S' は右上、S は左下、D' は右下。曲線のラベル：「ドルの需要曲線」「ドルの供給曲線」。横軸：ドルの供給量。

　まず SS'の曲線を見よう。これはドルの供給曲線である。ドルの供給は原則として米国人が行う。米国人が日本の車やカメラ，あるいは日本の会社の株式のような金融資産を購入する際には円が必要となる。そこで，ドルと交換に（つまりドルを供給して）円を購入する。1ドル = 50円の時と，1ドル = 200円の時を比較すると，後者の場合のほうがドルの供給量が多いが，これは1ドル = 200円の時のほうがドル高（円安）であり，日本の商品が安く買えるからだ。つまり，ドル高（円安）になればなるほど，ドルの供給量が増えるということである。それが SS'曲線が右方に上がっている理由である。

　次に DD' 曲線を見てみよう。この例では，ドルに対する需要は日本人から生じる。例えば，日本の**年金基金（pension fund）**が米国の株式に投資する場合，ドルが必要になるから，円を売ってドルを買う。1ドル = 50円の時と，1ドル = 200円の時を比較すると，前者の場合のほうがドルに対する需要が多い。これはドル安（円高）になればなるほど，日本人は米国の商品を多く購入するということである。それが DD'曲線が左方に上がっている理由である。

図の中のEは**均衡為替レート（equilibrium exchange rate）**と呼ばれ，これは米国人のドルの供給と日本人のドルへの需要がEで均衡しているということを意味する。これを英語で表してみよう。

> **英語で知識を整理**
>
> **The exchange rate settles at the price at which the supply and demand of a currency are in equilibrium.**
> 為替レートは，通貨の供給と需要が均衡しているところの価格に落ち着く。

以上の分析から，為替レートの動きを知るには通貨の需給関係に影響を与える要因を考慮すればよい。それらの要因を上で述べたことも含めて整理すると，(1)国際貿易における財やサービスの売買（これはすでに説明済み），(2)政府の介入，(3) **投機家（speculator）** の行動，の３つである。では，これらを順に説明していこう。

③ 為替レートの３つの決定要因

(1) 国際貿易における財やサービスの売買

(2) 政府の介入

どの国の政府も，その中央銀行を通して **外貨（foreign currency）** を蓄えている。日本銀行もドルやユーロなどの外貨を蓄えているが，その目的の１つは外貨を使って為替レートに影響を与えるためだ。例えば，日本銀行が円がドルに対して **過小評価されている（be undervalued）** と考え，円高に誘導したいと考えているとしよう。その場合はドルを売って円を買えばよい。円に対する需要を増やせば円高になるからだ。逆に，円がドルに対して **過大評価されている（be overvalued）** と考え，円安に誘導したいと思うなら，円を売ってドルを買えばよい。円の供給量が増えれば円安になるからだ。このように政府が意図的に為替レートに影響を及ぼすことを **為替介入（foreign exchange intervention）** と言う。

(3) 投機家の行動

外国為替市場で売買される通貨量は財やサービスの国際貿易の決済に使われ

る通貨量よりもはるかに多い。これはどういうことだろうか。実は、為替レートの変動は大部分が投機の結果なのである。では、投機家はどのような行動をとるのであろうか。

例えば、今、ドルと円の為替レートが 1 ドル = 200 円だとしよう。そして、米国人の投資家が日本の米国への輸出が増えると予想したとしよう。この場合、米国はドルを売って円を購入しなければならないから、円への需要が増え、円高になると予想される。そしてそのまま放置すれば、半年後には 1 ドル = 150 円になるとしよう。米国の投機家がこのような予想をすれば、現時点で自分が所有する円の保有量を増やそうとするだろう。そうすると、そのような行動は瞬時に現時点での為替レートに反映され、為替レートの上昇につながるのだ（この理由については、p.49 ～の効率的市場仮説の説明を参照のこと）。そして、実際に円高になった時点で、その円をドルに換えれば莫大な利益を得ることができる。通貨の価値が上がることを予想して通貨を購入する行為は**外国為替投機（foreign exchange speculation）**と言われている。ここで留意してほしいのは、投機家の行動においては将来への期待が重要な役割を果たしていることである。では、それを最後に英語でまとめてみよう。

英語で知識を整理

In the case of speculation, exchange rates in the market depend not only on the demand for and supply of exports and imports but also on expectations for the future.

投機の場合、市場での為替レートは輸出と輸入に対する需要と供給だけでなく、将来への期待にも依存する。

意味を言ってみよう

- [ ] Big Mac
- [ ] currency
- [ ] yen
- [ ] dollar
- [ ] pound
- [ ] euro
- [ ] renminbi
- [ ] krone
- [ ] peso
- [ ] recipe
- [ ] burgernomics
- [ ] purchasing power parity
- [ ] foreign exchange market
- [ ] pension fund
- [ ] equilibrium exchange rate
- [ ] speculator
- [ ] foreign currency
- [ ] be undervalued
- [ ] be overvalued
- [ ] foreign exchange intervention
- [ ] foreign exchange speculation

経済の気になる論点 ⑬

歴史的に見て，為替相場制（exchange rate system）はどのように変化しているのですか？

Key points!
① 為替相場制の目的と機能
② 金本位制（gold standard）
③ ブレトンウッズ体制（Bretton Woods System）
④ 変動相場制

① 為替相場制の目的と機能

最初に，為替相場制の意味を英語で確認しておこう。

英語で知識を整理

An exchange rate system is a set of rules, arrangements, and institutions that control how payments are made among countries.

為替相場制は，国家間の支払いがどのようになされるべきかについての一連の規則，取り決め，制度を言う。

為替相場制の目的は，国際貿易や国際金融の流れを促進することである（イメージとしては，車の流れを円滑にする交通信号を浮かべるとよい）。そのためには，取引を行う際にある国の通貨（例えば，円）が他国で使用可能な通貨（例えば，ドル）にスムーズに変換できること，また為替レートがどのように決定されるべきかについて，あらかじめ国家間で決めておかなければならない。為替レートの変動は，国の輸出入や国の国際収支（balance of payments）に直接影響を及ぼすだけでなく，国内の失業やインフレを招くこともある。したがって，どのような為替相場制をとるかは，国際的に重要であるだけでなく，国家のマクロ経済政策（macroeconomic policy）にとってもきわめて重大な意味を持つ。

過去において採用されてきた為替相場制には大別して3つのタイプがある。すなわち，固定為替相場制（fixed exchange rate system），変動為替相場制（floating exchange rate system）と管理変動為替相場制（managed floating exchange rate system）である。いずれの為替相場制にも利点と欠点がある。それらを知れば，為替相場制が変わってきた理由が理解できよう。

② **金本位制**

通貨を一定の為替レートに固定するのを固定為替相場制と言う。歴史的に見て最も重要な固定為替相場制が金本位制である。

金本位制は英国が1816年に初めて採用したが，当初はあまり普及せず，英国が世界貿易で覇権を握るようになって，多くの国がこれに追随した。なお，日本は1871年（明治4年）に法律で金本位制を定めたが，実際に金本位制が実施されたのは1897年からである。金本位制は，1930年代の後半頃までには，後に述べる理由から，崩壊した。

金本位制を採用した国では金貨（gold coin）と紙幣（paper currency）が発行され，紙幣は銀行に持っていけば金と交換することができた。ちなみに，金と交換できる紙幣を兌換紙幣（convertible money）と言い，現在の紙幣のように金と貢献できない紙幣を不換紙幣（fiat money）と言う。なお，英国の法律では，金貨は自由に溶解することもできた。

金本位制の利点は，2つの通貨間の為替レートが自動的に決定されることだ。為替レートをあらかじめ固定する必要もない。例えば，1ドルの金貨に4分の1オンスの金が含まれ，1ポンドの金貨に1オンスの金が含まれていると，1ポンドは1ドルよりも金を4倍多く含んでいるから，為替レートは自動的に決まり，1ポンド＝4ドルとなる。金本位制の下では複雑な為替レートの問題は発生しないのである。ついでに述べておくと，他の品物ではなく金が利用された理由は，金が比較的壊れにくい（indestructible）こと，工業的用途が少ないこと，供給が限られていることである。

金本位制の下では，国際収支が不均衡になった場合（例えば，輸入超過），その自動修正メカニズム（self-correcting mechanism）によって均衡が回復されるという利点がある。これを理解するために，貨幣数量説（quantity theory of money）という考え方をまず説明する。貨幣数量説とは，物価水準は，他の事

情が等しい限り，流通貨幣量の増減に比して変動するという説だ。つまり，貨幣の供給量が増えれば物価は高くなり，貨幣の供給量が減少すれば物価は下がるとする理論である。

説明の便宜上，国際貿易が A 国と B 国からだけ成り立っているとしよう。そして，今，A 国が輸出よりも輸入が増え，国際収支が赤字になり，金を失い，金準備（gold reserve）が縮小したとする。金本位制の下では，貨幣の供給量は金準備に制限されるから，これにより A 国の貨幣供給量は減ることになる。貨幣供給量が減ると，貨幣数量説によって，A 国の物価は下がる。物価が下がると，A 国は B 国からの財の輸入を減らす（B 国の物価が相対的に高くなったから）。さらに，A 国の国内で生産された財は国際市場で相対的に安くなっているから，A 国の輸出は増える。これにより，輸入超過だった A 国の国際収支の均衡が回復する。B 国ではこれとちょうど逆のことが起きる。B 国は，輸出が増えると，それと引き換えに金を手にする。金準備が増えれば，貨幣数量説によって，B 国の貨幣供給量は増える。貨幣の供給量が増えると物価が上がる。物価が上がると，B 国は A 国への輸出は減少する。さらに，B 国は国内で生産された財は国際市場で相対的に高くなっているから，B 国の輸入が増える。これにより，輸出超過だった B 国の国際収支の均衡が回復する。

このように，金本位制には国際収支の自動修正メカニズムという評価すべき機能はあるが，それには長い時間がかかる。だから，金本位制の時代は多くの国が長引く不況に悩まされたのである。

以上の例からもわかるように，結局，金本位制の根本的な欠点は，中央銀行が有効な金融政策を実行できないことだ。その理由はマネーサプライをコントロールする手段を持たないからである。国のマネーサプライは金に依存するから，もし技術の進歩によって新たに金鉱（gold mine）が発見されると，それに大きく影響されることになる。また，中央銀行は今後どのくらいの金が発見されるかも予測できない。意図的に金の供給量を増やすこともできない。特に問題なのは，戦争や不況時など大きな出費が必要になる時だ。金本位制では，金の供給量に拘束されるから，積極的な財政政策ができない。そのため，英国は 1914 年に第一次世界大戦が始まると金本位制を捨て，1925 年になって再び金本位制に戻った。また，1929 年に米国で大恐慌が起こると，多くの国が金本位制をやめている。こうした事情から，1931 年に英国が金本位制から離脱すると，多くの国もそれ

に従い，1930年代の後半には金本位制は完全に崩壊した。

なお，1930年に米国は**スムート・ホーリー法（Smoot-Hawley Tarrif）**を制定し，米国の平均関税を50%以上に引き上げた。そして，他の多くの国もこれに従い，世界貿易は，保護貿易主義的色彩を強め，崩壊した。それに引き続き，第二次世界大戦も起こった。

では，ここで金本位制を英語で表しておこう。

英語で知識を整理

The gold standard is a monetary system in which the value of a currency is defined by a fixed weight of gold, and central banks must be prepared to exchange the currency for gold.

金本位制とは，通貨の価値が一定の金の重さによって規定され，中央銀行が通貨を金と交換しなければならない通貨制度である。

③ ブレトンウッズ体制

1944年，第二次世界大戦によって疲弊した世界の金融秩序を立て直すために，米国のニューハンプシャーで連合国による会議が開かれ，そこで新たな国際的通貨制度について協議された。新しい世界の金融秩序はブレトンウッズ体制と呼ばれている。

ブレトンウッズ体制は4つの制度から成り立つ。GATT，つまり**関税及び貿易に関する一般的協定（General Agreement on Tariff and Trade，GATT）**，**国際通貨基金（International Monetary Fund，IMF）**，世界銀行，**ブレトンウッズ為替相場制（Bretton Woods exchange rate system）**である。なお，GATTは暫定的な国際協定だったので，1995年に同様の目的を持つ**世界貿易機関（World Trade Organization，WTO）**がそれにとって代わった。

WTOは貿易障壁を取り除くことを目的とし，実際，それに成功した。米国の平均関税は2009年には2%以下にまで落ちている。

IMFは，各国の中央銀行の中央銀行のような役割をし，その主たる機能は国際収支が赤字に陥った国に**一時的融資（temporary loan）**を行うことである。

世界銀行は，主要国がGDPに応じて資金を拠出し，その資金を途上国の戦後復

興及び経済開発など大型のプロジェクトに使えるように，長期で低利の融資を行う。

では，ブレトンウッズ為替相場制では為替レートはどのように決まったのか。箇条書きにしてみよう。

ブレトンウッズ為替相場制の内容

(1) 金とドルが基軸になった。ドルが金に固定され，他の通貨はドルに固定される。
(2) 米国は1オンス35ドルの固定価格で金と交換する。IMF加盟国の中央銀行が手持ちのドルと金の交換を申し出た時には米国はこれに応じる。
(3) 加盟国は自国の為替レートをドルに固定する。また，固定された為替レートの上下1%は変動が許される。例えば，日本なら1ドル360円と固定し，その上下1%の変動は許される。ドルに固定することにより，各国の通貨間の為替レートも自動的に固定される。なお，固定された為替レートをペッグ・レート（pegged rate）と言う。pegは「～を固定する，釘付けにする」の意味。
(4) 各国の中央銀行はドル準備（dollar reserve）をしておかなければならない。他の国から要求されれば，その通貨をドルに交換する必要があるからだ。
(5) ある国の中央銀行が手持ちのドルに不足が発生した場合には，IMFからドル資金を借り入れることができる。
(6) ある国の通貨のペッグ・レートが市場の需要と供給の原理によって決定される為替レート，つまり市場均衡為替レート（market equilibrium rate）と同じでない場合には，その通貨に過不足が生じる。例えば，次ページの図はドルに対するメキシコ・ペソの為替レートを表している。図2-Aでは，市場均衡為替レートを表すのがe（1ペソ＝10ドル）であり，ペッグ・レートを表すのがP_1（1ペソ＝15ドル）である。P_1は，1ペソ＝15ドルでペソをドルと交換したいと思っている人たちが供給するペソの量を表し，これは1ペソ＝15ドルでメキシコの財やサービスあるいは資産を購入したいと思っている人たちが需要しているペソの量よりも多い。この場合，P_1のペッグ・レートを維持するには，メキシコの中央銀行は外国為替市場に介入して，市場均衡為替レートがペッグ・レートP_1になるまで，つまり図2-AのX分だけペソを需要しなければならない（買わなければならない）。

つまり、ドルを売って（足りなければ IMF から借りて）ペソを買わなければならないのである。今度は図 2-B を見てみよう。市場均衡為替レートを表すのが e（1 ペソ = 10 ドル）であり、ペッグ・レートを表すのが P_2（1 ペソ = 5 ドル）である。この場合は、ペソへの需要がペソの供給を上回っている。ペソが足りないのだ。そこで、P_2 のペッグ・レートを維持するには、中央銀行は、図 2-B の Y 分だけペソを売って（供給して）ドルを買わなければならない。なお、図 2-A の場合には、ペッグ・レートのほうが市場均衡為替レートよりも高いので、ペソは過大評価されているということになり、図 2-B の場合は、ペッグ・レートのほうが市場均衡為替レートよりも低いので、ペソは過小評価されているということになる。

図 2-A

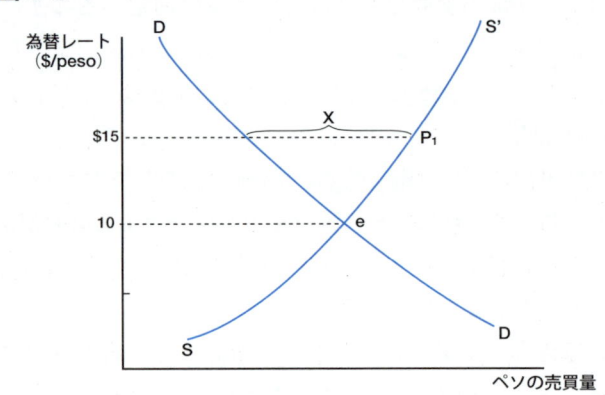

図 2-B

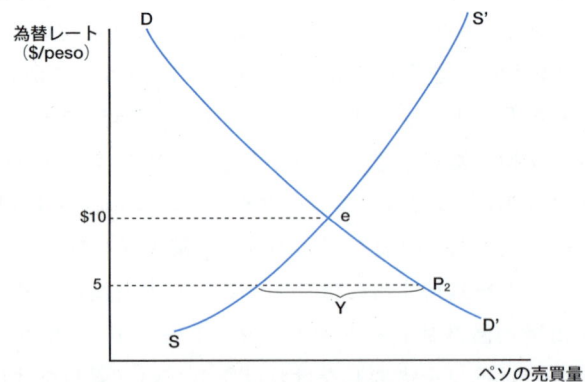

(7) ある通貨のペッグ・レートが市場均衡為替レートと比べて、恒常的に過不足がある場合には、その通貨は基礎的不均衡（fundamental disequilibrium）にある証拠と見なされる。その場合には、その国の政府はIMFと相談して、過大評価されている通貨なら平価切り下げ（devaluation）を、過小評価されている通貨なら平価切り上げ（revaluation）を行うことができる。なお、「平価切り下げ」とは、通貨の価値を引き下げることだ。例えば、1ドル＝360円を1ドル＝400円とすれば、1ドルを買うのに余計に円を使う必要が出てくるから、円の価値が引き下げられたことになる。一方「平価切り上げ」とは、通貨の価値を引き上げること。例えば、1ドル＝360円を1ドル＝300円とすれば、1ドルを買うのにより少ない円で済むから、円の価値が引き上げられたことになる。

　以上のような内容のブレトンウッズ為替相場制は、2つの問題に直面した。
　1つは、米国の金準備が減ってしまったことだ。これにはベトナム戦争に必要な戦費が関係している。他の国の中央銀行から要求されれば、ドルと金を交換するという約束の下にブレトンウッズ為替相場制が成立していることを考えると、これはドルの信用性（credibility）に疑いが生じてきたということである。
　もう1つは、投機家の行動である。もう一度図2-Aを見てみよう。1ペソ＝10ドルの市場均衡レートでペソを購入した投機家は、メキシコの中央銀行がドルを売ってペソを購入し（需要し）、1ペソ＝15ドルのペッグ・レートに引き上げると予想すると、ペソは価値を増すから購入したペソを保有し続けるであろう。しかし、投機家が、メキシコの中央銀行がドルが不足しているために、ペッグ・レートは放棄されると予想し、実際に為替レートが低下し始めると、投機家たちは損失を免れるために、ペッグ・レートが放棄される前に、ペソを売り払う行動に出るだろう。そうなるとペソの供給が増えるから、図2-AのSS'曲線は右方にシフトし、X部分がますます拡大する。そうなると、中央銀行がペッグ・レートを維持するには以前よりも多額のドル資金が必要になり、ペッグ・レートを維持することはますます困難になる。やがてはペッグ・レートを放棄せざるを得なくなるまで追い込まれるのだ。もし多くの投機家がペソを手放すと、それはメキシコから資本が突然大量に流出することを意味する。これが資本逃避（capital flight）と呼ばれているもので、実際にメキシコで起こったのである。

そして、メキシコはペッグ・レートを維持できなくなり、変動相場制に移行すると宣言することになった。

ブレトンウッズ体制は第二次世界大戦後4半世紀の間はうまく機能した。しかし、上に述べた問題点ゆえに、この体制は、1971年、当時の米国大統領**ニクソン（Richard Milhous Nixon: 1913-94）**がドルを金に交換しないと宣言する（これは、変動相場制に移行するということ）に及んで事実上崩壊した。

④ 変動相場制

為替レートが市場の供給と需要に従って変動するままにする為替相場制を変動相場制と言う。米国のように政府がまったく市場に介入しない場合が本来の意味での変動為替相場制であり、日本などのように政府が場合に応じ市場に介入するのは管理変動為替相場制と呼ばれる。なお、変動相場制において為替レートがどのように決定されるかについては、前項を参照してほしい。そして、変動相場制においても、投機家の行動によって外国為替市場が翻弄されることがあることも確認しよう。

こう見てくると、為替相場制には完璧なものはないことがわかる。現在は、経済学者や心ある投資家たちが、**新しいブレトンウッズ体制（new Bretton Woods）**を模索しているところである。

では、最後に政府が介入しない変動為替相場を英語で言ってみよう。

英語で知識を整理

The floating exchange rate system is a system in which exchange rates are determined by market forces without government intervention.

変動為替制とは、為替レートが政府の介入なしに市場の力によって決定される体制を言う。

意味を言ってみよう

- [ ] exchange rate system
- [ ] gold standard
- [ ] Bretton Woods system
- [ ] balance of payments
- [ ] macroeconomic policy
- [ ] fixed exchange rate system
- [ ] floating exchange rate system
- [ ] managed floating exchange system
- [ ] gold coin
- [ ] paper currency
- [ ] convertible money
- [ ] fiat money
- [ ] indestructible
- [ ] self-correcting mechanism
- [ ] quantity theory of money
- [ ] gold reserve
- [ ] gold mine
- [ ] Smoot-Hawley Tariff
- [ ] GATT = General Agreement on Tariff and Trade
- [ ] IMF = International Monetary Fund
- [ ] Bretton Woods exchange rate system
- [ ] WTO = World Trade Organization
- [ ] temporary loan
- [ ] pegged rate
- [ ] dollar reserve
- [ ] market equilibrium rate
- [ ] fundamental disequilibrium
- [ ] devaluation
- [ ] revaluation
- [ ] credibility
- [ ] capital flight
- [ ] new Bretton Woods

経済の気になる論点 ⑭

米国はたびたび中国に対し，人民元の価値が低い水準に置かれているから平価切り上げを行うべきだと要求していますが，これはどういうことなのですか？

Key points!
① 中国は固定相場制
② クルーグマンの批判
③ 中国側の見解

① 中国は固定相場制

　まず，最初に確認しておかなければならないのは，中国が現在どのような為替相場制をとっているかである。現在，ほとんどの国が変動為替相場制に移行している中で，中国はかたくなに固定為替相場制をとっている。1994年，中国はその通貨である人民元をドルに固定し，1ドル＝8.28人民元とした。しかし，21世紀に入ると，多くの経済学者や米国の企業などが人民元はドルに対して過小評価されていると抗議した。それも意図的に人民元が低い水準に抑えられているというのだ。典型的な抗議は次のようなものだ。これは2010年10月10日のニューヨーク・タイムズに掲載されたクルーグマンの言葉である。なお，renminbiはもともとは「人民幣」のことで，毛沢東の顔が印刷されているお札であるが，「人民元」の意味で使われている。

英語で知識を整理

The Chinese government is keeping the value of its currency, the renminbi, artificially low by buying huge amount of foreign currency, in effect* subsidizing its exports.

中国政府は，その通貨，つまり人民元の価値を，大量の外国通貨を購入することによって，人為的に低く抑えているが，それは事実上，中国の輸出産業に補助金を与えているようなものだ。

＊ in effect = 事実上

② クルーグマンの批判

　クルーグマンが言っていることはこういうことだ。中国政府は，ドルを大量に購入して（需要して）ドルの価値を高め，人民元を大量に供給することによってその価値を下げている（ペッグ・レートを維持しようとしている）。人民元の価値が低いままであるなら，外国は中国の財やサービスを購入しやすくなるから，中国は輸出が盛んになる。だから，中国は輸出産業に補助金を与えているようなものだ，と。

　そこで，クルーグマンらは，中国政府に人民元の平価切り上げをするか，あるいは中国は変動相場制に移行すべきだと抗議しているのである。なお，参考までに，データを出しておこう。図 3-A は，中国の貿易量（trade volumes）を表している。この図で輸出総額（total exports）と貿易収支の黒字（trade surplus）が，2005 年，2006 年，2007 年と着実に増えていることに注目しよう。なお，図 3-A の two-way trade とは「2 方向の貿易」の意味で，輸出と輸入の両方を加算した額である。図 3-B は，中国に貿易収支の黒字をもたらしている主要な相手国を表しており，米国が香港に次いで 2 番目にきている。対中国貿易では，米国は貿易収支の赤字（trade deficit）が香港に次いで 2 番目になっているということだ。

図 3-A

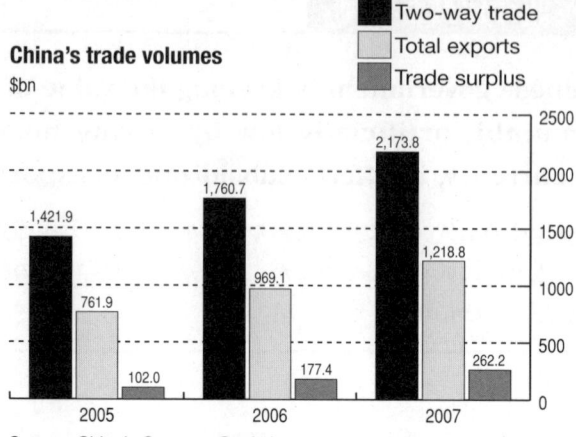

China's trade volumes
$bn

- Two-way trade
- Total exports
- Trade surplus

年	Two-way trade	Total exports	Trade surplus
2005	1,421.9	761.9	102.0
2006	1,760.7	969.1	177.4
2007	2,173.8	1,218.8	262.2

Source: China's Customs Statistics

図 3-B

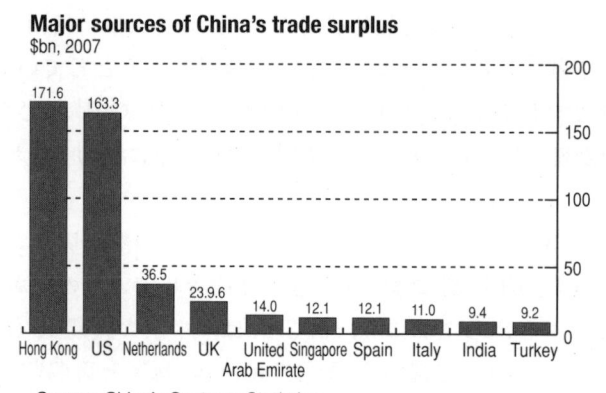

Major sources of China's trade surplus
$bn, 2007

Hong Kong	US	Netherlands	UK	United Arab Emirate	Singapore	Spain	Italy	India	Turkey
171.6	163.3	36.5	23.9.6	14.0	12.1	12.1	11.0	9.4	9.2

Source: China's Customs Statistics

　ところが中国政府はこの抗議になかなか応じようとはしない。しかし，諸外国からの度重なる圧力に押されて，2009年には人民元の価値を1ドル＝6.83人民元に切り上げた。ところが，それでもまだ人民元は過小評価されているから，中国は変動相場制に移行すべきだというのが最近の経済学者の論調である。

③ 中国側の見解

　中国が容易に平価切り上げに応じない事情とは何か。それは中国の温家宝首相の次のような発言に現れている。英語で見てみよう。

英語で知識を整理

We cannot imagine how many Chinese factories will go bankrupt, how many Chinese workers will lose their jobs.

（平価切り上げを行ったら）どれだけ多くの中国の工場が倒産し，どれだけ多くの中国人労働者が職を失うか想像もできない。

周知のように，近年，欧米の先進国は，安い労働力や新興市場（emerging market）を求めて，中国に巨額の投資をしている。中国は，その波に乗り，1996年から2008年までに1人当たりの実質GDP（real GDP per capita）で年9％以上の成長を遂げた。中国政府がこの急速な経済成長を維持していくためには，輸出を高い水準に保たなければならない。また，農村地域（rural areas）から都会に出てくる労働者のために新たな雇用を作る必要もある。さらには，中国が保有する外貨準備（foreign exchange reserve），特にドル準備が世界で一番高いレベルになっていることも考える必要がある。もし中国政府がドルを手放して人民元を購入すると，（人民元への需要が増えるから）人民元の価値は高まるが，同時にドルの価値は下がる。そうなると，中国が苦労して蓄積した資産価値も下がることになり，中国は痛手を被る。

以上が中国側の言い分ではある。しかし，中国が人民元の価値を低い水準に設定し，輸出を有利にする状況を意図的に作ることによって，例えば，日本や米国，ヨーロッパなどの繊維産業（textile industry）は廃業に追い込まれ，多くの雇用を失っていることも事実だ。中国が隣人窮乏化政策（beggar-thy-neighbor policy）を行っていると非難されても仕方がない面はあるのである。

意味を言ってみよう

- ☐ in effect
- ☐ trade volumes
- ☐ total exports
- ☐ trade surplus
- ☐ trade deficit
- ☐ emerging market
- ☐ real GDP per capita
- ☐ rural areas
- ☐ foreign exchange reserve
- ☐ textile industry
- ☐ beggar-thy-neighbor policy

経済の気になる論点 ⑮

単一通貨ユーロはどのような背景から生まれたのですか？また，単一通貨にすることの経済学的な利点と問題点はどのようなものですか？

Key points!
① ユーロ導入の政治的理由
② ユーロの利点
③ ユーロと非対称ショック（asymmetric shock）
④ 最適通貨圏（optimal currency area）

① ユーロ導入の政治的理由

　欧州連合（European Union, EU）が単一通貨ユーロを使用するようになったのは経済的理由からだけではない。ヨーロッパに恒久的な平和を構築したいという政治的理由が先行していたのである。時系列で少し歴史を振り返ってみよう。

(1) 1946年，英国の首相チャーチル（Winston Churchil: 1874-1965）はヨーロッパ合衆国（United States of Europe）の創設を提案した。これは2度の大戦で疲弊したヨーロッパに恒久の平和を取り戻したいという意図があったからだ。

(2) 1952年，西ヨーロッパ6カ国が欧州石炭鉄鋼共同体（European Coal and Steel Community, ECSC）を結成した。これは，戦略的に重要な資源であった石炭と鉄鋼についての支配権をECSCにゆだねることに同意した協定である。

(3) 1958年，欧州経済共同体（European Economic Community, EEC）が発足した。すなわち，フランス，西ドイツ，ベルギー，オランダ，ルクセンブルク，イタリアの6カ国が関税障壁の撤廃，経済政策の横並び化，輸送や農業政策の協調，資本・労働の自由移動を目的としたローマ条約(Treaty of Rome)を締結したのである。この条約の重要性について，**Christian N. Chabot**はその著書 ***Understanding the Euro*** の中で，次のように述べている。やや難しい英語だが，挑戦してみよう。

英語で知識を整理

Put simply, the euro has evolved as an essential step toward the ultimate goal of "ever closer" political integration first outlined in the 1958 Treaty of Rome, and the language of subsequent treaties makes it clear that the euro's introduction is based on far more than calculations* of economic pros and cons.

簡単に言うなら，ユーロは1958年のローマ条約において初めて概略が示された「限りなく緊密な」政治的統合という究極的目標に向けての不可欠な一歩として発展してきたのであり，またその後の数々の条約の文言は，ユーロ導入の基盤が単なる経済上の賛否両論を天秤にかけたものではないことを明らかにしているのである。

＊ calculation = 計算（ここでは「天秤」とした）

(4) 1967年，**欧州共同体（European Community, EC）**が誕生した。これはEECと欧州原子力共同体（European Atomic Energy Community）が合体したもので，これによりヨーロッパの政治的統合がいっそう強化された。EC加盟国は当初，6カ国だったが，その後1993年にEUの加盟国になるための経済的ハードルを定めた**マーストリヒト条約（Maastricht Treaty）**が発効すると，15カ国体制になり，EUへと発展していった。

(5) 1970年，ウェルナー報告書（Werner Report）が提出された。ルクセンブルクの首相であるウェルナーは，ECからヨーロッパ経済について完全な統合ができないか検討するよう要請を受けていたが，この報告書で単一通貨は実現可能である旨報告した。このような報告書が要請された背景には，ブレトンウッズ体制の崩壊に備える意味があったと言われている。

(6) 1979年，**欧州通貨制度（European Monetary System, EMS）**が発足した。

(7) 1987年，単一欧州議定書（Single European Act）が締結された。この議定書の目的は，1992年まで制限なき共通市場を締結すること，つまり銀行，証券，その他の金融業への制限を撤廃することであった。

(8) 1989年，ドロール報告書（Delors Report）が出る。これはECの会長であった**ドロール（Jacques Delors: 1925-）**がまとめた報告書で，ヨーロッパの経済・通貨統合を3段階に分けて推進するように提案したものである。そして，実際，この提案に従って，通貨発行の最終段階が2002年1月1日から実施され，加盟国の硬貨と紙幣はユーロに切り替わった。なお，欧州連合の加盟国でユーロを採用した国を**ユーロランド（Euroland）**と言う。英国，デンマーク，スウェーデンは欧州連合加盟国ではあるが，ユーロを採用せず，国内通貨を使用している。

以上から，ユーロ発行の背景には単なる経済的理由だけではなく，政治的理由もあったことが理解できたと思う。念のため，EUの条約目的にかかわる部分を英語でまとめてみよう。

英語で知識を整理

The 1992 Treaty on European Union says that its central goal is to raise the standard of living and the quality of life, as well as economic and social cohesion* and solidarity* among Member States.

1992年のEUの条約は，EUの中心的な目標は加盟諸国間の生活水準と生活の質，並びに経済的社会的結束と連携を引き上げることである，と述べている。

* cohesion = 結束，solidarity = 連携

②ユーロの利点

(1) **為替レートのリスク（exchange rate risk）**の回避

例えば，ドイツの自動車メーカーBMWがフランスで販売活動を強化するために大規模な投資をしても，その後にフランスの通貨**フラン（franc）**が大幅に下落すると，フランで集められた売上はフランの価値減少分だけ**マルク（mark）**を買えなくなり，ドイツにあるBMWの売上は減少する。通貨をユーロに一本化すると，このようなリスクは回避できる。

(2) **通貨交換費用（currency conversion costs）**の回避

通貨交換費用とは両替費用のことだ。例えば，ドイツ人がフランスへ旅行する時は銀行，**外貨交換所（bureau de change）**，旅行サービス会社，クレジット・カード会社などでドイツをフランに交換しなければならない。通貨交換費用は個人だけでなく企業でも問題になり，これが莫大な費用になる。例えば，オーストリアの製造業者が部品をオランダの会社に送る時，またオランダの会社が完成した製品をスペインに送る時は，いずれも通貨交換費用がかかる。ユーロが導入される前はヨーロッパの企業相互の通貨交換費用は年間約130億ドルかかっていたが，これがユーロ導入によって回避できることになる。

(3) **価格の透明性（price transparency）**

例えば，ドイツ人なら，マルクで示された物の値段が正当かどうかは容易に判断できるが，同じ品物でもイタリアの**リラ（lira）**で示されると正当な価格かどうかなかなか判断できない。ユーロに一本化されれば，このようなことはなくなる。

(4) **金融市場の深化（deep financial markets）**

国債，株，デリバティブなどの**金融商品（financial instrument）**はそれぞれの国の**貨幣単位（denomination）**で示されている。したがって，ある人がいろいろな国の金融商品を買おうとする場合，その換算が非常に面倒である。共通通貨であれば，この面倒さがなくなるため，金融商品のマーケットは拡大し深化するものと期待される。

(5) **マクロ経済的安定（macroeconomic stability）**など

ユーロランドにユーロが導入される前は，それぞれの国の中央銀行が金融政策を行っていた。しかし，ユーロ導入後，**欧州中央銀行（European Central Bank）**が設立され（本部はドイツのフランクフルトにある），各国から独立して金融政策を行うことになった。欧州中央銀行は各国の政治的圧力に屈することが少ないと考えられるので，インフレの抑制などマクロ経済的安定により効果的政策が行えると考えられる。

また，加盟国はマーストリヒト条約に定められた条件，例えば，政府の単年の**予算赤字（budget deficit）**がGDPの3％を超えてはならない，政府の総債務がGDPの60％を超えてはならない，**長期国債（long-term government bond）**の利子率が2％を超えてはならない，といった制約

のために，自国だけの勝手な行動が許されなくなるので，国の**構造改革 (structural reform)** が推進されると考えられる。

さらには，単一通貨になれば市場がそれだけ拡大されるから，**規模の経済 (economy of scale)** を達成しやすくなると考えられる。なお，規模の経済とは，生産規模が拡大した場合，競争者よりもより低いコストで製品を製造できることを意味する。

では，ここで欧州中央銀行の主要な役割を英語で簡単にまとめておこう。

英語で知識を整理

The European Central Bank is responsible for price stability or inflation control in Euroland through conduct of monetary policy.

欧州中央銀行は，金融政策を行うことによって，ユーロランドの物価安定やインフレの抑制に責任を持つ。

③ ユーロと非対称ショック

ユーロには以上のような数々の利点があるにもかかわらず，ユーロの成功を脅かす要因もある。ここでは経済的ショック，特に非対称ショックについて考えてみたい。

非対称ショックとは，経済的ショックが複数の国に不均等な影響を与える場合を言う。例えば，今，**林産物 (forest product)** に対する世界の需要が冷え込んだとすると，林産物がGDPのかなりの部分を占めるフィンランドの経済状態は，森林業を主要産業にしないオーストリアやフランスなどよりも，より深刻により急速に**悪化する (deteriorate)**。同様に，ワインや**観光業 (tourism)** への世界の需要が落ち込むと，フランスはフィンランドやベルギーなどよりも深刻な打撃を受ける。

このような非対称ショックに対応するには，ユーロ導入以前なら，次のような3つの手段があった。

(1) **利子率による調整**（interest rate adjustment）
(2) **為替相場介入**（exchange-rate intervention）
(3) **財政政策による調整**（fiscal policy adjustment）

　この中で一番重要なのが利子率による調整だ。先ほど挙げたフィンランドの例で言えば，政府が利子率を下げるとお金の借り入れが容易になるから，それが産業の投資と消費を刺激し，やがてはフィンランドの経済成長を再生させることにつながる。ところが，ユーロ導入後は加盟国は独自の金融政策を行うことができず，欧州中央銀行の政策に従うことになるから，フィンランドは勝手に利子率を下げることができなくなった。

　為替相場介入は，例えばフィンランドが外国為替市場で自国の通貨を大量に売って自国の通貨の価値を下げた場合のようなやり方で，平価切り下げの１つである。平価切り下げを行うと外国はフィンランドの製品を買いやすくなるから，フィンランドの輸出は増え，それが国民経済を活性化すると期待される。ところが，ユーロ導入後はこれもできなくなった。なぜなら，「フィンランド・ユーロ」なるものは存在しないから，フィンランドが勝手に平価切り下げを行うという選択肢はまったくないのだ。

　財政政策による調整とは次のような場合だ。ある国に非対称ショックが起こって景気後退に陥った場合，その国はいわゆるケインズ的政策，すなわち経常収支が赤字になってでも失業対策や**社会福祉**（social welfare）などのために緊急の財政出費を実施する。そして，そのお金が市場に流れて，消費を促し，経済を再び正常な軌道に戻し，景気後退から脱するきっかけを作るのである。しかし，ユーロ加盟国はマーストリヒト条約によって政府予算の赤字がGDPの３％を超えてはならないから，拡張的財政政策のために，思うように国債などを発行できないのだ。

　以上述べたように，非対称ショックが起こった場合，ユーロ加盟国は上に挙げた３つのいずれをもうまく機能させることができない。ここがユーロの最大の急所である。この点をとらえて，フリードマンは，ユーロは決してよい考えではないと結論付けている。

　ユーロ導入後の状況をスペインを例に見てみよう。スペインは1999年から2007年まで，それ以前よりも高い年3.9％の成長率を達成した。失業率は90

年代の半ばは20%近かったが，2007年には7.9%まで改善された。しかし，米国の住宅バブル崩壊を契機として起こった世界的金融危機の影響で，2009年にはスペインの失業率は18.1%まで上昇してしまった。どうやらユーロは経済的ショックに対し脆弱のようなのだ。この事実から，一部の経済学者や政策担当者たちは，ユーロは経済危機を悪化させているのではないかとの疑念を抱き始めている。

④ **最適通貨圏**

なお，ユーロに関して経済学者が盛んに議論している問題がある。それはユーロは最適通貨圏かということだ。最後にこの問題に簡単に触れておきたい。

最適通貨圏という考えは，1999年にノーベル経済学賞を受賞した**ロバート・マンデル（Robert Mundell: 1932-）** が提唱したものである。その内容を要約したものを，米国の経済学者**マリル・ハート・マッカーティ（Marilu Hurt McCarty）** の著書 *The Nobel Laureates* から引用してみよう。

英語で知識を整理

An optimal currency area is a region or group of nations in which it is practical to have a common currency. A common currency is practical if resources (especially labor) can move freely across jurisdictional* boundaries.

最適通貨圏とは，共通通貨を持つことが有用な地域あるいは国家群を指す。共通通貨は資源（特に労働力）が州境や国境を自由に移動できる場合，有用である。

* jurisdictional = 司法権の，裁判権の（jurisdictional boundaries は，国境だけでなく州境の意味も含まれる）

この説明をもっと簡潔に言い換えると，資源（特に労働力）が境界を越えて自由に移動できる場合は，共通通貨を持つことは有用であるということになる。これを前に出した例で考えてみよう。今，林産物への需要が減り，フィンランドでは失業が増加したとしよう。フィンランドが独自の通貨を持つなら，利子率を下げるなどして経済を刺激することができる。しかし，ユーロランドではユーロし

かないから，フィンランドはこのような金融政策を実行できない。しかし，経済的ショックによって失業したフィンランドの労働者が英国，フランス，スペインとユーロランド内を自由に移動して職を得ることができるなら，共通通貨を持つことは失業を解消しているから有用で意味がある。このように，域内で労働力の移動性（labor mobility）が確保されている場合にだけ，共通通貨を持つ意味があるということである。

　米国は最適通貨圏だろうか。経済学者は一般にそうだとしている。その理由は，1970年代に起こった石油ショック（oil shock）の後，ひどい打撃を受けた北部の州の労働者たちが，石油が豊かな南西部に移住して職を得ているからだ。

　では，ユーロは最適通貨圏であろうか。一部の経済学者は，ユーロランドには賃金の構造的な硬直性（rigidity）が存在し，また労働力の移動性はかなり低いので最適通貨圏ではないと言う。一方で，ユーロの実験はまだ始まったばかりであるから，いまだ即断することはできないと言う経済学者もいる。いずれは，歴史が明らかにしてくれるであろう。

意味を言ってみよう

- ☐ asymmetric shock
- ☐ optimal currency area
- ☐ EU = European Union
- ☐ EEC = European Economic Community
- ☐ Treaty of Rome
- ☐ calculation
- ☐ EC = European Community
- ☐ Maastricht Treaty
- ☐ EMS = European Monetary System
- ☐ Euroland
- ☐ cohesion
- ☐ solidarity
- ☐ exchange rate risk
- ☐ franc
- ☐ mark
- ☐ currency conversion costs
- ☐ bureau de change
- ☐ price transparency
- ☐ lira
- ☐ deep financial markets
- ☐ financial instrument
- ☐ denomination
- ☐ macroeconomic stability
- ☐ European Central Bank
- ☐ budget deficit
- ☐ long-term government bond
- ☐ structural reform
- ☐ economy of scale
- ☐ forest product
- ☐ deteriorate
- ☐ tourism
- ☐ interest rate adjustment
- ☐ exchange-rate intervention
- ☐ fiscal policy adjustment
- ☐ social welfare
- ☐ jurisdictional
- ☐ labor mobility
- ☐ oil shock
- ☐ rigidity

Z会の通信教育

いつからでも始められます

TOEIC®

徹底基礎力完成プログラム

Z会ならではの丁寧なテキストとWebを利用した、効率的、効果的な通信講座

英語学習の王道は、リスニング・リーディング・文法・語彙の基礎力を
確実に身につけることであるという発想に基いたプログラム!

TOEIC®テスト 100UPトレーニング 講座一覧

「英語力を養成する」3カ月講座
- 400点突破
- 500点突破 New!!

価格:各20,000円(税込)

「目指せ200UP、2講座セット+動画」6カ月講座
- 500点突破 入門トレーニング New!!

価格:36,000円(税込)

「英語力に磨きをかける」2カ月講座
- 600点突破
- 700点突破
- 800点突破

価格:各20,000円(税込)

「挑戦300UP、3講座セット」6カ月講座
- 800点突破 徹底トレーニング

価格:45,000円(税込)

TOEIC®テスト 英文法講座

「文法をかためて、スコア600以上を目指す」3カ月講座
- 動画講義 徹底英文法

価格:48,000円(税込)

✸✸✸✸✸ くわしくは、Webサイトに今すぐアクセス!! ✸✸✸✸✸

www.zkai.co.jp/ca/

大学受験のその先も Z会でスキルアップ↑ Z会の通信教育

語学　　　　　　　　　　　　　　　　　　　　通信講座

- TOEFL®テスト Writing【レギュラー】【ハーフ】
- TOEFL®テスト iBT80突破 **New!!**
- TOEFL®テスト iBT80突破 Speaking対策 **New!!**
- 聞こえる! 話せる! 英会話レッスン
- パワーアップ・リスニング
- 英文ビジネスEメール

※TOEIC®通信講座は裏面

[新宿教室] --- 通学講座

資格　　　　　　　　　　　　　　　　　　　　通信講座

| 簿記3級 | FP技能士3級 | 宅建 |
| 簿記2級 **New!!** | FP技能士2級 | 行政書士 |

公務員　　　　　　　　　　　　　　　　　　　通信講座

- 2012年度試験 対策　　　　2012年度試験 教養対策
- 2013年度試験 先取り対策　2012年度試験 専門論述対策

大学院入試　　　　　　　　　　　　　　　　　通信講座

- 大学院英語
- 基礎からの大学院英語
- 理系のための大学院英語
- 大学院英作文
- 大学院志望理由書
- 大学院過去問論文添削

[臨床心理士講座] [法科大学院講座] も、好評開講中

- 経済経営系研究計画書
- 公共政策系研究計画書
- 社会科学系研究計画書 他

※最新情報・講座詳細は、Webサイトで

www.zkai.co.jp/ca/
Z会 キャリアアップコース カスタマーセンター
☎:0120-919-996 （9:00〜17:30 日曜・年末年始を除く）
E-mail:ca@zkai.co.jp

第4章
英語で経済を読み解く

1. Cooperation through voluntary exchange
   自発的な交換を通しての協力

2. Economic Justice
   経済的公平性

3. Externality
   外部性

4. What is globalization?
   グローバリゼーションとは何か？

5. What is the green economy?
   グリーン経済とは何か？

6. The Bretton Woods system and Currency Crises
   ブレトン・ウッズ体制と通貨危機

1 Cooperation through voluntary exchange

A delightful story called "I, Pencil; My Family Tree as Told to Leonard E. Read" dramatizes* vividly how voluntary exchange enables millions of people to cooperate with one another. Mr. Read, in the voice of the "Lead Pencil —— the ordinary wooden pencil familiar to all boys and girls and adults who can read and write," starts his story with the fantastic* statement that "*not a single person... knows how to make me.*" Then he proceeds to tell about all the things that go into the making of a pencil. First, the wood comes from a tree, "a cedar* of straight grain* that grows in Northern California and Oregon." To cut down the tree and cart the logs to the railroad siding requires "saws and trucks and rope and... countless other gear." Many persons and numberless skills are involved in their fabrication*: in "the mining of ore*, the making of steel and its refinement* into saws, axes, motors; the growing of hemp* and bringing it through all the stages to heavy and strong rope; the logging camps with their beds and mess halls,... untold thousands of persons had a hand in every cup of coffee the loggers drink!"

And so Mr. Read goes on to the bringing of the logs to the mill*, the millwork involved in converting the logs to slats*, and the transportation of the slats from California to Wilkes-Barre, where the particular pencil that tells the story was manufactured. And so far we have only the outside wood of the pencil. The "lead" center is not really lead at all. It starts as graphite* mined in Ceylon. After many complicated processes it ends up* as the lead in the center of the pencil.

語句と構文

L.2 dramatize = 〜を劇的に表現する　　L.5 fantastic = 奇妙な，風変わりな　　L.8 cedar = ヒマラヤスギ　　L.8 grain = 木目　　L.11 fabrication = 製造　　L.12 mining of ore = 鉱石の採掘　　L.12 refinement = 精製　　L.13 hemp = 麻　　L.17 mill = 製粉所，製作所　　L.18 slat = 薄く細長い板，小割板　　L.21 graphite = 黒鉛　　L.22 end up 〜 = 最後には〜になる

1 自発的な交換を通しての協力

『私は鉛筆くん。：レナード・E・リードに語った私の家系図』という楽しい物語は，自発的な交換が，いかにして何百万という人々が互いに協力することを可能にするかを，生き生きと描いている。リード氏は，「鉛筆 —— 読み書きのできる少年少女と大人なら誰でもよく知っている例の普通の木の鉛筆」の口を借りて，「私の作り方は…誰一人として知らない」という奇妙な宣言から物語を始める。そして彼は，1本の鉛筆を作る過程に次々と関わってくる事柄すべてを語っていく。まず，材料となる木材は，「北カリフォルニアとオレゴンで育つ，まっすぐな木目のヒマラヤスギ」の木から作られる。その木を切り倒し，丸太を鉄道の引き込み線まで運ぶのには，「のこぎりとトラックとロープと…他に数えきれないほどの道具」が必要になる。それらの道具の製造，つまり，「鉱石を採掘し，鋼鉄を作り，次にそれを精錬・精製し，のこぎりや斧やモーターを作ること，麻を栽培し，あらゆる工程を経て，重くて強いロープを作ること，ベッドと食堂を備えた伐採用野営地を作ることに，多くの人々と無数の技術が関わっている。…そして伐採作業に従事する人たちが飲むコーヒーの一杯一杯を作るのにも数えきれないほどの人々が関わっている！」

そしてリード氏は，丸太が製材所へ運搬され，そこで小割板にされる機械作業，そして小割板がカリフォルニアから，物語を語る鉛筆くんが製造されたウィルクスベリまで運搬される過程へと，話を進める。そして今までのところ私達は鉛筆の外側の木の話しかしていない。「鉛」の芯は，最初から鉛の芯であったわけではまったくない。それはセイロンで採掘される黒鉛から始まる。多くの複雑な工程を経た後，黒鉛は最終的に鉛筆の中心部にある鉛となる。

> **英文を読むためのヒント**
>
> この文章は，1976年のノーベル経済学賞を受賞したミルトン・フリードマンとその妻ローズ・フリードマンの共著で，一般人向けに書かれた経済学の本からとったものである。「見えざる手」「市場・市場メカニズム」を合わせて読むと，この引用箇所の深い意味が理解できるだろう。

第4章 英語で経済を読み解く

The bit of metal —— the ferrule* —— near the top of the pencil is brass*. "Think of all the persons," he says, "who mine zinc* and copper* and those who have the skills to make shiny sheet brass from these products of nature."

What we call the eraser is known in the trade* as "the plug." It is thought
⁵ to be rubber. But Mr. Read tells us the rubber is only for binding purposes. The erasing is actually done by "Factice," a rubberlike product made by reacting* rape seed oil* from the Dutch East Indies (now Indonesia) with sulfur chloride*.

After all of this, says the pencil, "Does anyone wish to challenge my earlier
¹⁰ assertion* that no single person on the face of this earth knows how to make me?"

None of the thousands of persons involved in producing the pencil performed his task because he wanted a pencil. Some among them never saw a pencil and would not know what it is for. Each saw his work as a
¹⁵ way to get the goods and services he wanted —— goods and services we produced in order to get the pencil we wanted. Every time we go to the store and buy a pencil, we are exchanging a little bit of our services for the infinitesimal* amount of services that each of the thousands contributed toward producing the pencil.

²⁰ It is even more astounding* that the pencil was ever produced. No one sitting in a central office* gave orders to these thousands of people. No military police enforced* the orders that were not given. These people live in many lands, speak different languages, practice different religions, may even hate one another —— yet none of these differences prevented them from
²⁵ cooperating to produce a pencil. How did it happen? Adam Smith gave us the answer two hundred years ago.

語句と構文

L.1 ferrule = 金環　**L.1** brass = 真ちゅう　**L.2** zinc = 亜鉛　**L.2** copper = 銅　**L.4** the trade = 業界　**L.7** react A with B = AとBを反応させる　**L.7** rape seed oil = 菜種油　**L.8** sulfur chloride = 塩化硫黄　**L.10** assertion = 主張　**L.18** infinitesimal = 極微の　**L.20** astounding = 仰天させるような　**L.21** central office = 本社　**L.22** enforce = 〜を強いる

鉛筆のてっぺん近くにある金属片 —— 金環 —— は真ちゅうである。彼は言う，「亜鉛と銅を採掘する人々，これらの自然の産物から，輝く薄い真ちゅうを作る技術を持っている人々すべてを思い浮かべなさい」，と。

私たちが消しゴムと呼ぶものは，業界では「プラグ」として知られている。一般にはそれはゴムであると考えられているが，リード氏によれば，ゴムは消しゴムのさまざまな成分を結合させるためだけにある。消すことは実際には「ファクティス」によってなされる。ファクティスはゴムのようなもので，オランダ領東インド諸島（現在のインドネシア）のナタネ油を，塩化硫黄と化学反応させることによって作られる。

こういったいろいろな説明がなされた後で，鉛筆くんはこう言う，「地球上の誰一人として私の作り方を知らないという，先ほどの私の宣言に異議を唱える人はいますか？」

鉛筆の製造に関わる何千人という人の誰一人として，鉛筆が欲しいために自分の職務を遂行したわけではない。中には，鉛筆を見たこともない者もいただろうし，それが何のためのものかも知らない者もいたかもしれない。各々が，自分の仕事を，自分が望む財とサービス —— 私たちが欲しいと思う鉛筆を手に入れるために私たちが作り出した財とサービス —— を得るための手段として見ている。店に行って鉛筆を買うたびに，私たちは，自分たちのサービスのうちの少しと，何千人の中の一人一人が鉛筆の製造に向けて提供したサービスのうちのごくわずかと交換しているのだ。

さらに驚くべきことは，そもそも鉛筆が製造されたということだ。中央の本部に座っている誰かが，これらの何千という人々に命令を下したわけではない。命令は下されなかったわけだから，命令を強制した憲兵がいたわけでもない。これらの人々は，さまざまな土地に住み，さまざまな言葉を話し，さまざまな宗教に帰依し，互いに憎み合っている場合だってあるかもしれない —— しかし，こうした違いのいずれも，彼らが鉛筆を生産するのに互いに協力する妨げにはならなかった。どのようにしてそれは起こったのだろうか？ 200年も前にアダム・スミスが私たちに答えてくれている。

2 Economic Justice

　Democracy*, in the twentieth century, has triumphed over* its three main competitors*, communism*, totalitarianism*, and theocracy*. Whether its triumph is destined to be permanent will be discussed in the last chapter. But democracy must overcome* other kinds of threats in order to satisfy the universal human desire for which it stands*. These threats are economic.

　As Tocqueville saw so well a century and a half ago and as all see now, democracy is based on equality. The desire for equality on the part of almost all men and women today is the force that drives democratic revolutions everywhere. But equality is not only political. That is, political equality, by itself, does not completely satisfy the democratic man or woman. A measure of* economic equality is also needed.

　Economic equality does not mean the possession* by all of an equal amount of economic goods: money and the capitalist* instruments of production. Few people today would claim, as some claimed in the past, that all citizens should possess the same amount of money before economic justice could be said to prevail*. What is required is a more equitable distribution* of wealth, so that all have enough to live decently*, and a near absolute equality of opportunity. Absolute equality of possession is a chimera*. Equality of opportunity is an ideal for which people will die.

語句と構文

L.1 democracy = 民主主義　**L.1** triumphed over 〜 = 〜に勝利する　**L.2** competitor = 競争相手　**L.2** communism = 共産主義　**L.2** totalitarianism = 全体主義，国家統制主義　**L.2** theocracy = 神権政治　**L.4** overcome = 〜に打ち勝つ　**L.5** stand for 〜 = 〜のために立つ，〜を守ろうとする　**L.10** a measure of 〜 = ある程度の　**L.12** the possession ... of 〜 = 〜の所有　**L.12** possession = 所有　**L.13** capitalist = 資本主義的な　**L.16** prevail = 普及している　**L.16** distribution = 配分　**L.17** decently = 人間らしく　**L.18** chimera = 妄想

2 経済的公平性

　20世紀において，民主主義は，その3つの主要な競争相手である共産主義，全体主義，および神権政治に勝利した。その勝利が恒久的なものかどうかは，最後の章で論じられることになる。しかし民主主義は，それが守ろうとする人間の普遍的な欲求を満たすために，他の種類の脅威をも克服しなければならない。そうした脅威とは，経済的なものである。

　トクヴィルが1世紀半前に看破し，そして現在すべての人が理解しているように，民主主義は平等を基礎としている。今日のほとんどすべての男女が平等を願っていて，それが至る所で民主主義革命を引き起こす力となっている。しかし，平等は政治的なものだけではない。つまり，政治的平等は，それだけでは民主主義を求める男性や女性を完全に満足させることはできない。ある程度の経済的平等もまた必要とされるのである。

　経済的平等は，すべての人が経済的財，つまり金銭と資本主義的な生産手段を等しい量だけ所有することを意味するわけではない。かつては，経済的平等が広く行き渡っていると言えるためにはすべての国民が同量の金銭を所有すべきであると主張した人もいたが，今日ではそのようなことを主張する人はほとんどいないであろう。今求められているのは，皆が人間らしく暮らすのに十分なものを持てるように富をより公平に分配することと，ほぼ完全な機会の平等が得られるようにすることである。所有の絶対的な平等は幻想である。機会の平等こそが，人々が命を捨てても守る価値のある理想である。

英文を読むためのヒント

この英文を理解するには平等概念の理解が必要だ。少なくとも，「結果の平等」は押さえておきたい。これはソ連などの社会主義国家が目指していたもので，全国民に平等の分配（例えば，給料など）を約束するものだ。しかし，これは個人の努力や創意工夫を阻害する面があり，結果として社会主義国はその非効率性を露呈することになった。ソ連の崩壊についての説明を合わせて読むと，英文の意味するところが明瞭になるだろう。

There are many goods that can be called economic that do not consist of money. Among them are the right to a job, a good education, and a decent home. Most important is the right to pursue happiness, or opportunity, in your own way. A just government protects those rights and sees to it that* they are not systematically abridged* for any of its citizens, or class of citizens.

By that definition, there is no perfectly just government on earth. Democracy is the only perfect *form* of government, but no democratic government is perfect in practice. Nevertheless, tremendous* progress has been made toward the ideal during the twentieth century.

In 1900, not only did most citizens of even the most advanced democracies lack political equality, they also lacked economic equality. Equality of opportunity was still only a dream for most Americans, to say nothing of* the downtrodden* masses of the rest of the world. Despite severe setbacks*, in less than a century equality of opportunity has become a reality for the great majority of the industrial and postindustrial* nations: the United States and Canada, almost all western European countries, Australia, and Japan, as well as a few others. Equality of opportunity is also seen as a future probability by the peoples of many other nations. Only a minority of the world's population today views the concept of equal opportunity as the great majority of humans did in 1900.

語句と構文

L.5 see to it that ～ = ～するよう配慮する　L.5 abridge = ～（の期間・範囲など）を縮める　L.9 tremendous = とてつもない　L.13 to say nothing of ～ = ～は言うまでもなく　L.14 downtrodden = 虐げられた　L.14 setback = 後退，ぶり返し　L.16 postindustrial = 脱工業化の

経済的とは言えても，金銭から成り立たない財も多く存在する。そうしたものの中には，働く権利，良い教育を受ける権利，人間にふさわしい家に住む権利などがある。最も重要なのは，幸福や機会を自分なりのやり方で追求する権利である。公正な政府はこれらの権利を保護し，それらがどの国民にも，またはどの階級の国民にとっても，制度的に狭められることのないように配慮する。

　その定義（完全に公正な政府ということ）からすれば，地球上に完全に公正な政府は存在しない。民主主義は唯一の完全な統治「形態」ではあるが，実際に完全な民主主義的政府は存在しない。にもかかわらず，20世紀を通じて，その理想に向かっての途方もなく大きな進歩がなされた。

　1900年には，最も進んだ民主主義国家であっても，そのほとんどの国民には政治的平等がなかっただけでなく，経済的平等もなかった。機会の平等は多くのアメリカ人にとってもいまだ夢でしかなく，世界の他の虐げられた大多数の人々にとっては夢のまた夢であった。ひどい揺り戻しがあったにもかかわらず，1世紀足らずのうちに，工業国家および脱工業国家の大部分にとって，機会の平等は現実のものとなった。それらの国々とは，米国とカナダ，ほとんどすべての西ヨーロッパ諸国，オーストラリア，日本，そして他の少数の国々である。機会の平等はまた，他の多くの国々の国民によって，将来実現の可能性が非常に高いものと見られている。1900年には大多数の人間が機会の平等は夢に過ぎないと見ていたが，今日ではそのように見ているのは世界の人口のごく少数である。

Political equality is usually obtained before economic equality. A people that gains political equality, or the franchise*, begins to move fairly rapidly toward economic equality, or equality of opportunity. That is the way society has progressed in the western democracies. In the Communist nations, some form of economic equality may have to precede* political equality. Ultimately, all peoples will demand, and just governments will support and protect, both political and economic equality.

And will we then have attained* the happiness that all men pursue? By and large*, I think so, as long as* it remains true that all men are created equal and are endowed* with certain* unalienable* rights.

語句と構文

L.2 the franchise = 選挙権，公民権　L.5 precede = 〜の先に立つ　L.8 attain = 〜を成し遂げる，獲得する　L.9 by and large = 全体的に　L.9 as long as ... = …である限り，…の間は　L.10 endow = 〈人〉に授ける　L.10 certain = 明白な，疑う余地のない　L.10 unalienable = 奪うことができない

政治的平等は，通常，経済的平等よりも先に獲得される。政治的平等，つまり選挙権を獲得した人々は，経済的平等または機会の平等の獲得へとかなり速やかに動き始める。そのようにして西側の民主主義諸国の社会は進歩してきた。共産主義諸国においては，ある種の経済的平等が政治的平等に先行しなければならないこともある。最終的には，すべての国の国民が政治的平等と経済的平等の双方を要求し，そして公正な政府ならその双方を支持し，保護するだろう。

　そしてそのあかつきには，われわれはすべての人間が追求する幸福を獲得しているのだろうか？　全体としては，私はそうであると考える。すべての人間が生まれながらにして平等につくられ，明白な不可譲の権利を有しているということが真実である間は。

3 Externality

An externality is an economic side-effect*. Externalities are costs or benefits arising from* an economic activity that affect somebody other than the people engaged in* the economic activity and are not reflected fully in prices. For instance, smoke pumped out by a factory may impose* clean-up costs on nearby residents; bees kept to produce honey may pollinate* plants belonging to a nearby farmer, thus boosting* his crop. Because these costs and benefits do not form part of the calculations* of the people deciding whether to go ahead with the economic activity they are a form of market failure, since the amount of the activity carried out* if left to* the free market will be an inefficient use of resources. If the externality is beneficial, the market will provide too little; if it is a cost, the market will supply too much.

One potential solution is regulation: a ban, say*. Another, when the externality is negative, is a tax on the activity or, if the externality is positive, a subsidy. Another approach is to issue limited rights to do an activity that may be traded, such as has been attempted with carbon emissions trading* under the Kyoto Protocol to deal with the externality of climate change.

語句と構文

L.1 side-effect = 副作用　**L.2** arise from ～ = ～から生じる　**L.3** engage in ～ = ～に関わる，従事する　**L.4** impose = 〈義務・罰・税など〉を課する　**L.5** pollinate = ～に授粉する　**L.6** boost = ～を押し上げる　**L.7** calculation = 計算　**L.9** carry out = 実行する，遂行する（和訳には直接反映させていない）　**L.9** if left to ～ = ～にゆだねられているなら　**L.12** say = 例えば　**L.15** carbon emissions trading = 排出量取引

3 外部性

　外部性とは経済的な副作用のこと。外部性とは、経済活動に関わる当事者以外の人に影響を及ぼし、価格には完全に反映されていない経済活動から発生する費用や便益のことである。例えば、工場が吐き出す煙のために、近隣住民は清掃費用を負担しなければならないことがある。ハチミツを生産するために飼われているハチは、近隣の農家の所有する植物に授粉し、その結果農家の収穫高を押し上げることがある。こうした費用や便益は、当該の経済活動を進めるべきかどうかを決定する人々の計算には入っていないために、市場の失敗の一形態になる。なぜなら、問題となっている経済活動が生み出した量は、自由な市場にゆだねられているとするなら、資源の非効率な利用となるからである。つまり、もしその外部性が便益をもたらしているものなら、市場の供給は少なすぎることになる。もしその外部性が費用を生み出しているなら、市場は供給が多すぎることになるのだ。

　1つの可能な解決は規制である。例えば、禁止である。もう1つは、外部性が負の場合には活動に対する税、正の場合には補助金である。他のアプローチは、取引可能な活動をするための限定的な権利を発行することである。例えば、気候変動という外部性に対処するために、京都議定書のもとで、二酸化炭素の排出量取引に関して試みられているようなものだ。

英文を読むためのヒント

　この文章は、英国の有名な経済紙 The Economist が編集している初心者向けの経済学の事典 Essential Economics から引用したものである。「外部性」とはどのようなものであるかの説明はなかなか難しいが、この事典は簡にして要を得た説明をしている。ただし、いきなり読んでも専門用語が多く、よくわからないだろう。あらかじめ「市場の失敗」と「コースの定理」を読んでおくと、この事典の外部性の説明が実に見事だとわかる。

For economists, for a solution to externalities to be efficient, ideally it should require them to be included in the costings of those engaged in the economic activity, so there is self-regulation. For instance, the externality of pollution can be addressed* by creating property rights over clean air, entitling* their owner to a fee if they are infringed* by a factory pumping out smoke. According to the Coase theorem (named after a Nobel Prize-winning economist, Ronald Coase), it does not matter* who has ownership, so long as property rights are fully allocated* and completely free trade of all property rights is possible. Some economists think that using tax as a means to include the cost of externalities in economic decision-making is more efficient than the property rights approach.

語句と構文

L.4 address = 〈問題など〉に対処する　**L.5** entitle ～ to ... = ～に…の権利［資格］を与える　**L.5** infringe = 〈法律・権利など〉を侵害する　**L.7** it does not matter = 問題ではない。(it は形式主語で who has ownership の節を受ける。)　**L.8** allocate = ～を割り当てる

経済学者の考えによれば，外部性の解決を効率的にするには，問題の経済活動に従事する当事者の費用算定に外部性を含めるようにするべきであり，そうすれば自然に自己規制が生まれる。例えば，大気汚染という外部性は，清浄な空気に対する所有権を創出し，その権利の所有者に，その権利が煙を排出する工場によって侵害された場合には，料金をもらえる資格を付与することによって対処することが可能になる。コースの定理（ノーベル賞を受賞した経済学者ロナルド・コースにちなんで名付けられた）によれば，所有権が完全に割り当てられ，すべての所有権の完全に自由な取引が可能なら，所有権が誰に帰属するかは問題ではない。経済上の意思決定に外部性の費用を含める手段として税を用いることのほうが，所有権によるアプローチよりも効率的であると考える経済学者もいる。

4 What is globalization?

The American actress Joan Crawford once said, "The only thing worse than being talked about is not being talked about." Countries that have seen their borders opened by the forces of global trade and finance could say something similar: the only thing worse than opening your economy to the world is *not* opening it.

Many critics* of globalization say that it is a major cause of poverty*, that it opens up developing countries to exploitation* by big foreign corporations, and that it results in* people in wealthy countries losing jobs when cheaper foreign imports put their companies out of business*. They also criticize foreigners for "buying up*" local companies and creating a homogenized* world run by multinational* corporations not accountable* to any government.

Capitalism, it must be said, is by no means* a perfect system. People do lose jobs, and some people do earn a lot more money than others. In centrally planned socialist economies, jobs and income are guaranteed* at fixed levels for life; in a capitalist economy nothing is guaranteed, especially not equality of income. But it also must be said that, despite all its faults, capitalism is the best system we have for eliminating* poverty and creating wealth. One need only look at the crumbling* economies of Eastern Europe to see that socialism, despite its claim to distribute* the wealth evenly, ends up essentially with little wealth to distribute to anyone.

語句と構文

L.6 critic = 批評家　**L.6** poverty = 貧困　**L.7** exploitation = 搾取　**L.8** result in 〜 = 結局は〜になる　**L.9** out of business = 廃業して　**L.10** buy up = 買い占める，買収する　**L.11** homogenized = 均質化された　**L.11** multinational = 多国籍の　**L.11** accountable = 責任がある　**L.13** by no means = 決して〜でない　**L.15** guarantee = 〜を保証する　**L.18** eliminate = 〜を除去する　**L.19** crumbling = 崩れかかった　**L.20** distribute = 〜を分配する

4 グローバリゼーションとは何か？

　アメリカの女優ジョーン・クロフォードはかつてこう言った。「人に語られることよりももっと悪いことが1つだけあって，それは，人に語られないことだ。」グローバルな貿易や金融の力によって，国境が無理に開かれるのを目にしてきた国々は，同様のことが言えるだろう。「世界に対して自国の経済を開くことよりももっと悪いことが1つあって，それは自国の経済を開かないことだ。」
　グローバリゼーションを批判する人たちの多くはこう言う。グローバリゼーションは貧困の大きな原因になっているし，発展途上国を外国の大企業の搾取にさらしている。またグローバリゼーションのために，富める国の人々も外国からの安い輸入品のために会社が廃業に追い込まれ仕事を失ってしまう，と。彼らはまた，外国人を，現地企業を「買い上げている」とか，どの政府にも説明責任を持たない多国籍企業に均質的な世界を創らせていると言って，批判する。
　資本主義は決して完全なシステムではないということは言っておかねばならない。仕事を失う人もいれば，他の人々よりもかなり多くお金を稼ぐ人もいる。中央で計画された社会主義経済では，仕事と収入は，生涯にわたって，固定的な水準で保証されている。資本主義経済では，保証されているものは何もなく，とりわけ収入の平等は保証されていない。しかし，やはり言っておかねばならないのは，もろもろの短所にもかかわらず，資本主義は，私たちの持つシステムの中では，貧困を撲滅し富を創出するための最善のシステムであるということである。富を平等に配分するというその主張にもかかわらず，社会主義が誰にもほとんど富を分配できずに終わっているということを知るには，東ヨーロッパの崩壊した経済を見るだけでよい。

英文を読むためのヒント

　グローバリゼーションというと，多くの人は途上国が先進国に搾取されている構図を思い浮かべるだろうが，経済学的にはむしろ逆で，途上国にも恩恵をもたらすはずのものである。特に「比較優位」という国際貿易において極めて重要な経済学上の理論を押さえれば，グローバリゼーションを新たな視点から眺めることができる。

Globalization, for all its faults*, helps economies grow —— which means improving standards of living for billions of people around the world. The UN Human Development Index, an indicator* of literacy*, longevity*, and standard of living in countries around the world, shows that during the last years of the twentieth century, more than a billion people around the world escaped absolute poverty through economic growth. Those countries that embraced* globalization, especially those in the Third World, have enjoyed rates of growth that were, on average, 50 percent higher than those with closed borders.

　For many people in developing countries, economic growth is the ultimate antipoverty weapon. It means access to clean water, a safe house to live in, and a chance to educate their children to prepare for a better future. Countries with expanding economies also enjoy greater political freedom, more social spending, and higher standards of living, for both rich and poor.

語句と構文

L.1 for all one's faults = 欠点にもかかわらず　**L.3** indicator = 指し示すもの　**L.3** literacy = 読み書きの能力　**L.3** longevity = 寿命　**L.7** embrace =〈機会など〉に喜んで応じる

グローバリゼーションは，その欠点にもかかわらず，経済の成長を促す――つまり，世界中の何十億という人々の生活水準を改善するのである。世界中の国々の識字率，寿命，生活水準の指標である国連人間開発指数は，20世紀の最後の数年間に，世界の10億以上の人々が経済成長を通じて絶対的貧困を免れたことを示している。グローバリゼーションを受け入れた国々，とりわけ第三世界の国々は，国境を閉ざした国々よりも，平均して50パーセント高い成長率を享受している。

　発展途上国の多くの人々にとって，経済成長は究極の貧困対策である。経済成長は，きれいな水や，安全に住める家，そしてよりよい将来に備えさせるために子どもを教育する機会などを手に入れることを意味する。経済が拡大している国々では，富める者も貧しい者も，政治的自由の拡大，社会的支出の増大，および生活水準の向上を享受しているのである。

Even in the United States, the economic boom of the 1990s was fueled* in no small part* by globalization. Open borders allowed new ideas and technology to flow in freely from around the globe, fueling an increase in productivity. Living standards went up when consumers and businesses were able to buy from countries that had a *comparative advantage**, producing better-made products at better prices. Free trade has also kept local producers on their toes*, making them more efficient and forcing them to keep their own prices in line with* those from other countries. In addition, export-oriented* jobs generally pay more than those that are dependent on* the local economy.

Globalization, it must be noted, does benefit some people more than others. Access to technology and capital has created many new jobs for workers in developing countries, and those countries and companies with technology and capital to sell have also benefited enormously* from globalization. For example, millions of information technology jobs have been created in Ireland and India — not just in Silicon Valley.

Those left out*, especially the high-salary workers in developed countries with little or no education, have seen millions of jobs taken away by newly productive Third World workers, and until they get the training and education they need to find new jobs, they will justifiably* blame* the world economy for their loss.

語句と構文

L.1 fuel = 〜を刺激する   **L.2** in no small part = 少なからず   **L.5** comparative advantage = 比較優位   **L.7** keep 人 on one's toes = 〈人を〉用心させる   **L.8** keep 〜 in line with ... = 〜を…と歩調を合わせる   **L.9** -oriented = 〜志向の   **L.9** be dependent on 〜 = 〜に依存している   **L.14** enormously = 非常に，莫大に   **L.17** leave out = (〜を) 除外する，省く   **L.20** justifiably = 当然なこととして   **L.20** blame A for B = B の理由で A を非難する

米国においてさえ，1990年代の景気拡大は，少なからずグローバリゼーションによって活気づけられたのである。開かれた国境は，新しい考えや技術が世界中から自由に流入することを可能にし，生産性の増加に貢献した。消費者や企業が，比較優位を持ち優れた製品をより安く生産する国々から買うことができるようになって，人々の生活水準は向上した。自由貿易はまた，地元の生産者に絶えず緊張感を持たせ，彼らをより効率的にし，また彼らの製品の価格を外国の生産者の製品の価格と横並びにすることを強いてきた。加えて，輸出志向の労働は，一般に，地域経済に依存する仕事よりも，収入がよいのだ。
　注意しておかねばならないのは，グローバリゼーションは，確かに，他の人より一部の人に恩恵をもたらすということだ。発展途上国では，技術と資本があれば，労働者のための新たな仕事が生み出されてきたし，また物やサービスを売るための技術と資本を備えた国々も，グローバリゼーションから多大の恩恵を受けてきた。例えば，シリコンバレーのみならず，アイルランドやインドにおいても，何百万という情報技術の仕事が創出されたのである。
　取り残された者たち，とりわけ先進国の，ほとんど教育のない，あるいは全く教育のない高給労働者たちは，第三世界の，新たに生産力をつけた労働者たちに，何百万という仕事を奪い取られるのを目の当たりにしてきた。そして新たな仕事を得るために必要な訓練と教育を得るまでは，彼らが失ったものを世界経済のせいにしても無理からぬことだろう。

5 What is the green economy?

Even though scientists and environmental activists had been warning of the effects of global warming for decades, it was only in the first years of the 21st century that governments and citizens began to realize the magnitude* of the problem. A devastating* worldwide food crisis and the near destruction of New Orleans by Hurricane Katrina served as* wake-up calls*. If global warming is to be reduced, significant* changes are going to have to be made in the way the world economy operates.

What causes global warming? Essentially*, an excess* of particles* in the earth's atmosphere. The presence of some particles is actually beneficial to the environment; without them, the earth's temperature would sink below freezing. These particles — mainly water vapor*, carbon dioxide, methane*, nitrous oxide*, and ozone — cause a *greenhouse effect*, trapping some of the sun's rays and warming the earth just as a greenhouse creates a healthy environment for plants to grow. Unfortunately, economic activity over the past years has increased the amount of particles in the atmosphere drastically*, leading to an exponential* growth in the amount of greenhouse gases. Al Gore's documentary, *An Inconvenient Truth*, put the situation in easy-to-understand terms: Never before in history has so much carbon dioxide been released into the earth's atmosphere as during the last decades.

語句と構文

L.4 magnitude = 重要さ　**L.4** devastating = 破壊的な　**L.5** served as 〜 = 〜として役に立つ　**L.6** wake-up call = 警告　**L.6** significant = 著しい　**L.8** essentially = 本質的に　**L.8** excess = 過剰　**L.8** particle = 分子　**L.11** water vapor = 水蒸気　**L.12** methane = メタン　**L.12** nitrous oxide = 一酸化二窒素　**L.16** drastically = 徹底的に　**L.16** exponential = 〈変化などが〉急激な

5 グリーン経済とは何か？

科学者や環境保護活動家が，数十年前から地球温暖化の影響について警告してきたにもかかわらず，各国の政府や国民がこの問題の大きさに気づき始めたのは，ようやく21世紀の最初の数年になってからだ。世界規模での深刻な食糧危機やハリケーン・カトリーナによってニューオーリンズがほぼ壊滅状態になったことが，注意を喚起する役割を果たした。もし地球温暖化の進行を遅らせようとするなら，世界経済のあり方に大きな変化を起こさなければならないであろう。

地球温暖化の原因は何だろうか？ 本質的には，地球の大気中における分子の過剰である。実際には，環境にとって有益な分子も存在する。それらがなくては，地球の温度は氷点下に下がってしまうだろう。これらの分子 —— 主として水蒸気，二酸化炭素，メタン，一酸化二窒素，そしてオゾン —— は，温室効果の原因となり，太陽光線の一部を捕え，地球を暖めるが，それはちょうど温室が植物の成長にとって好ましい環境を作り出すのとよく似ている。不幸なことに，過去数十年に及ぶ経済活動は，大気中の分子の数を劇的に増加させ，温室効果ガスの量の急激な上昇をもたらした。アル・ゴアのドキュメンタリー『不都合な真実』は，この状況をわかりやすい言葉で説明した：この数十年間に，歴史上かつてないほど多くの二酸化炭素が地球の大気に放出されてきた，と。

> **英文を読むためのヒント**
>
> 経済学は環境問題にどう対処するか。これは結局はトレード・オフとインセンティブの問題に帰着する。工場に対してまったく環境を汚染しないよう厳格な規制を強いるなら，経済的効率性が損なわれる。反対に，経済的効率性だけ追求するなら，環境が甚大な被害を受ける。これがトレード・オフの問題だ。また，環境保護を人間の自発的行為にだけ頼るのでは心もとない。どうやって個人や企業を環境保護へと向かわせるのか。これがインセンティブの問題である。「トレード・オフ」のページをあわせて読むことを勧めたい。

The main contributors* to the increase in carbon dioxide in the atmosphere are deforestation* and the burning of fossil fuels*. But other activities such as livestock farming* have led to massive* amounts of methane and other gases being released into the atmosphere as well. The United Nations Food and Agriculture Organization has pointed out that the livestock industry is responsible for up to one-fifth of the greenhouse gas emissions being put into the atmosphere —— contributing, in many countries, more to global warming than transportation activities, such as car, truck, and airline emissions.

Why do modern industrial economies pollute so much? Essentially, because it is more expensive to clean up the pollutants* than it is to dump* them into the environment. It's as simple as that. No one wants to pollute, but environmental protection, like all other economic decisions, involves an economic trade-off. Companies, countries, and consumers now need to decide how much they are ready to pay to keep the environment clean and healthy. And this decision is, essentially, an economic one.

Unfortunately, most industrial nations have often treated the world's resources as if they were disposable* commodities*. This ignores a basic economic concept: that all factors of production —— whether land, labor, or clean air and water —— are scarce* commodities and have an intrinsic* "price" that should be factored into* every business and consumer decision. Clean air and water were once thought of as limitless, but in recent years have been depleted* by burgeoning* populations and widespread industrial development.

語句と構文

L.1 contributor = 一因，原因　**L.2** deforestation = 森林伐採　**L.2** fossil fuel = 化石燃料　**L.3** livestock farming = 畜産業　**L.3** massive = 大量の　**L.11** pollutant = 汚染物質　**L.11** dump = 〈ごみなど〉を投げ捨てる　**L.18** disposable = 使い捨ての　**L.18** commodity = 商品，産物　**L.20** scarce = まれな　**L.20** intrinsic = 本来備わっている　**L.21** factor into ～ = ～を計算に入れる　**L.23** deplete = ～を枯渇させる　**L.23** burgeoning = 急増している

大気中の二酸化炭素の増加をもたらす主な原因は，森林伐採と化石燃料の燃焼である。しかし，畜産業のような他の活動もまた，メタンやその他のガスが大量に大気中に放出される原因となっている。国連食糧農業機関は，畜産業は大気中に放出される温室効果ガスの最大5分の1の原因となっている，つまり，多くの国で，自動車やトラック，飛行機による排出といった運輸活動よりも多く，地球温暖化の原因となっている，と指摘している。

　現代の工業経済がこれほどまでに汚染する理由は何だろうか？　本質的には，汚染物質を環境に排出するよりも浄化するほうが高くつくからである。それほど単純なことなのだ。汚染することを望む者はいないが，環境の保護は，他のすべての経済上の意思決定と同様に，経済学的なトレード・オフを伴うのである。企業，国，そして消費者は，今や，環境をきれいで健康に保つために，どれほどお金を支払う準備があるのかを決めなければならない。そしてこの決断は，本質的に経済学的なものなのである。

　不幸にも，大半の工業国家は，しばしば世界の資源を，あたかも使い捨て商品のように扱ってきた。これは，基本的な経済学的概念を無視しているのだ。その概念とは，すべての生産要素は ── 土地，労働力，あるいはきれいな空気や水のいずれであっても ── 稀少なものであって，すべての企業や消費者が意思決定する時は計算に入れておくべき内在的「価格」を持っている，ということだ。きれいな空気と水は，かつて無限であると考えられていたが，それらは近年，急増する人口と広範な工業的発展のために枯渇しつつあるのだ。

Although this depletion* is occurring around the world, in rich countries as well as poor, the effects of global warming will be felt much more in the poor countries of the developing world. In many developing countries, large portions* of the population are rural — and earn their living from
5 agriculture. A minor disruption* in the supply of water that is used to irrigate* crops can kill millions. In Bangladesh, the low-lying regions would suffer catastrophic* floods with only a small rise in the level of the ocean. Ironically, the countries that will suffer the most from climate change are those that have contributed the least to global warming — and often have
10 the least amount of resources to deal with the harm* when it comes.

What can be done? Basically, there are only two ways to get consumers and businesses to reduce environmentally harmful activities. One is the "stick*" of economic sanctions*. The other is the "carrot" of economic incentives*.

Economic sanctions are often the most effective way to change
15 environmentally unsound* practices. When a company is forced to pay for its pollution, it will think twice* before discharging* industrial waste into the air and into the water. Forcing a government to include the depletion of its natural resources in the calculation of economic activity — creating an *environmental GDP*, for example — could have a significant effect on
20 public policy. And if consumers were forced to pay an eco-tax, which added environmental costs to the goods and services they purchase, many would alter* their spending habits drastically.

語句と構文

L.1 depletion =（資源などの）枯渇，消耗　　L.4 portion = 部分　　L.5 disruption = 混乱，崩壊
L.6 irrigate =〈土地〉に水を引く　　L.7 catastrophic = 壊滅的な　　L.10 harm = 害
L.12 stick = 棒，棒状のもの／ stick and carrot で「アメとムチ」　　L.13 sanction = 制裁
L.13 incentive = 誘因，動機づけ　　L.15 unsound = 健全でない　　L.16 think twice = よく考える，再考する　　L.16 discharge = 〜を排出する　　L.22 alter = 〜を変える

こうした枯渇は，世界中の富める国でも貧しい国でも起こってはいるけれども，地球温暖化の影響は，発展途上の貧しい国々においてより一層強く感じられるであろう。多くの発展途上国では，人口の大部分は農民であり，農業によって生活している。作物を灌漑するために使われる水の供給が少し途切れるだけでも，何百万人が命を失うことがある。バングラデシュの海抜の低い地域は，ほんのわずかに海面が上昇しても，壊滅的な洪水被害を受けるだろう。皮肉なことに，気候変動の被害を一番受ける国々は，地球温暖化への関与が最も少なく ── そしてしばしば被害が生じた時にその被害に対処するための資源に最も乏しい国々である。

　何ができるだろうか？　消費者や企業に環境に有害な活動を削減させるには基本的に2つの方法しかない。1つは経済的制裁という「ムチ」。もう1つは経済的誘因という「アメ」である。

　経済的制裁は，しばしば，環境によくない習慣を変えさせるための最も効果的な方法である。企業は，その汚染に対し罰金を支払うことを余儀なくされるなら，大気中や水中に工業廃棄物を放出する前に慎重に考えるようになるだろう。 例えば環境GDPを創設して，政府に経済活動を計算する際に天然資源の消耗を含めさせれば，それは公共政策に大きな影響を持つだろう。そしてもし消費者が，購入する財やサービスに環境コストをプラスした環境税を支払う義務を負うようになるなら，多くの者がその消費習慣を抜本的に改めるだろう。

6 The Bretton Woods system and Currency Crises

After the Second World War a conference at Bretton Woods in New Hampshire, which also saw the establishment of the World Bank and the International Monetary Fund (IMF), introduced a somewhat more flexible system. This effectively* meant that the US fixed the dollar to gold, at $35 per ounce, and other countries fixed their currencies* to the dollar at a 'par' value. This 'Gold Exchange System' required central banks to buy and sell their currencies so as to keep them within 1 per cent of the 'par' value. This system was not as rigid* as the earlier gold standard since countries suffering persistent* balance of payments* problems could under certain circumstances either devalue* their currencies to a lower exchange rate, or borrow gold or foreign exchange from the IMF to tide them over*. Within this system, the British pound was steadily* devalued, from $4.03 in 1944, to $2.80 in 1949, to $2.40 in 1967. The British government was also to suffer in 1976 the ignominy* of going 'cap in hand*' to the IMF for a loan of $2.3 billion.

語句と構文

L.4 effectively = 実質的に　L.5 currency = 通貨　L.8 rigid = 厳密な，厳格な　L.9 persistent = 恒常的な　L.9 balance of payments = 国際収支　L.10 devalue = 〜の平価を切り下げる
L.11 tide 〜 over = 〜に（困難な時期を）切り抜けさせる　L.12 steadily = 絶えず
L.14 ignominy = 不面目　L.14 cap in hand = へりくだって，謙虚に

6 ブレトン・ウッズ体制と通貨危機

　第二次世界大戦後，世界銀行と国際通貨基金（IMF）の設立をも目にすることになったニューハンプシャーのブレトン・ウッズでの会議は，幾分か柔軟な体制を導入した。この会議の実質的な意味は，米国がドルを金に対して1オンス35ドルで固定し，他の国々は自国通貨をドルに対して「平価」で固定したということである。この「金為替本位制」により，各国の中央銀行は自国通貨を平価の1％以内に維持するために，通貨の売買を行わなければならなくなった。この体制は，以前の金本位制ほど厳格なものではなかった。恒常的な国際収支の問題に苦しむ国々は，それを乗り切るために，一定の状況下で，自国通貨をより低い為替レートへと引き下げたり，IMFから金や外国通貨を借りたりすることができたからである。この体制のもとで，英国ポンドは絶えず平価の切り下げが行われ，1944年の4.03ドルが1949年には2.80ドル，1967年には2.40ドルになった。英国政府はまた，1976年に，体面をかなぐり捨ててIMFから23億ドルを借り入れるという不面目を経験することにもなった。

英文を読むためのヒント

近頃の新聞には，国内経済に劣らず国際経済の問題が頻繁に出てくるが，国際経済は国内経済（特に金融政策）と密接に関係しているために理解しにくい分野ではある。しかし，これが理解できなくては，経済学を学ぶ意味は半減する。この英文にはよく考えないと頭に入らない部分があるが，そこを逃げずに，絶対に理解するという前向きな姿勢で挑んでみよう。「経済の気になる論点⑫」以降が基礎資料となる。自分の理解度を試す意味で，この英文を練習問題として利用してみるとよいだろう。

Eventually the Bretton Woods exchange system also broke down, and for an all-too-familiar reason: war. The US came off* this fixed standard in 1971 because financing* the war in Vietnam was draining* its gold reserves. Subsequently* other developed countries decided that their countries could 'float*' against the dollar, much as they do today. But floating does not suit all countries. Those with more fragile monetary* systems decided not to risk instability. Instead they preferred to fix, or 'peg*' their currency to another one, commonly the US dollar. So as the dollar went up and down in a more controlled fashion their currency would follow suit*. As an extension of this system, governments can also establish a 'currency board' —— a new monetary authority which takes over* one of the central bank's functions, that of issuing the national currency. A currency board can only issue new banknotes* if it has received corresponding* new supplies of foreign exchange.

　The main problem with any fixed rate system is that a degree of stability is obtained only at the price of a loss of government control over monetary policy. Governments and central banks value the flexibility* offered by manipulating* interest rates. They may want to increase interest rates to control inflation, for example, or reduce them if they are faced with high unemployment and want to stimulate economic activity. But if they have a fixed or pegged rate, then in order to keep the currency at this rate they have to adjust* the interest rate —— raising it to attract foreign capital, for example, if the exchange rate is under pressure. If governments use interest rates primarily to support the currency they lose the freedom to adjust rates in accordance with* the need to control inflation or increase employment.

語句と構文

L.2 come off ~ = ~からはずれる　**L.3** finance = ~の資金を調達する　**L.3** drain = ~を流出させる　**L.4** subsequently = その後　**L.5** float = 変動為替相場をとる　**L.6** monetary = 通貨の，金融の　**L.7** peg =〈物価など〉を安定させる　**L.9** follow suit = 先例にならう　**L.11** take over =〈仕事など〉を引き継ぐ　**L.13** banknote = 紙幣　**L.13** corresponding = 対応する　**L.17** flexibility = 柔軟性，弾力性　**L.18** manipulate =〈市場・人など〉を巧みに操作する　**L.22** adjust = ~を調整する　**L.25** in accordance with ~ = ~に従って

最終的には，ブレトン・ウッズ為替体制もまた崩壊したが，それはあまりにもよく知られた理由，すなわち戦争によってであった。米国はこの固定制から1971年に離脱したが，それはベトナム戦争のための資金調達が，金準備を使い果たしつつあったからだ。これに続いて他の先進国も，今日そうしているのと全く同じように，自国通貨をドルに対して「変動」させるという決定をした。しかし，変動制はすべての国に合っているわけではなかった。比較的脆弱な通貨制度を持つ国々は，不安定性というリスクをとらない決定を下した。代わりに彼らは自国通貨を，他の通貨，普通は米ドルに，固定あるいは「釘付け」にすることの方を好んだ。そしてドルが，より抑制された仕方で上下すると，それらの通貨もそれに従った。政府はこの制度の延長として，さらに「カレンシー・ボード」を設けることができる。これは，中央銀行の機能の1つである自国通貨の発行を引き受ける新しい通貨当局である。カレンシー・ボードが新たな通貨を発行できるのは，それに応じるだけの新たな外国通貨の供給を受けた時だけである。

　どのような固定相場制にとっても一番大きな問題は，政府の金融政策に対するコントロールが失われるという犠牲の下に初めてある程度の安定性が得られるということだ。政府と中央銀行は利子率を操作することによって得られる弾力性を重要だと考えている。例えば，彼らは，インフレーションを抑制するためには利子率を引き上げたいと思うかもしれないし，高い失業率に直面したなら，利子率を引き下げて経済活動を刺激したいと思うかもしれない。しかし固定された，あるいは釘付けされたレートを用いている場合，通貨をこの固定レートに絶えず維持するためには，利子率を調整しなければならない。例えば，為替レートが下方圧力を受けている場合なら，利子率を引き上げて外国資本を誘導しなくてはならない。政府が主として通貨を支えるために利子率を利用するなら，政府はインフレーションを抑制したり雇用を増やしたりする必要性に応じて利子率を調整する自由を失うのである。

カレンシー・ボード制（currency board system）について：
これは，自国通貨（例えば，バーツ）と外国通貨（例えば，ドル）との間の為替レートを法律によって固定し，外国通貨の準備残高に見合う自国通貨しか発行できないとする通貨制度のこと。この制度の下では，投資家が自国通貨に不安を感じても，外国通貨といつでも交換できるという安心感があるため，投資家のパニックを防止し，自国通貨の安定を図ることが可能になる。

There is a limit to which governments can defend their exchange rates. If the rates get too far out of line with* a country's economic reality then the illusionary* security of fixed rates can be followed by an implosion*. This happened in 1997 in the Asian financial crisis that started in Thailand. While the crisis had multiple* causes in different countries, currency pegs played their part.

In Thailand during the early 1990s, the currency —— the baht —— was pegged at 25 to the dollar. Meanwhile in the dollar's home, the United States, interest rates were very low. Thai companies and individuals took advantage of* these circumstances to borrow hefty* sums in dollars, feeling confident that they would be able to earn enough baht to pay off their dollar debts by exchanging them at the bargain rate of 25 to the dollar. The result was an explosion of speculative* investment, particularly in flashy skyscrapers* in Bangkok. All of this was also encouraged by the Asian economic 'miracle', based on rapidly rising exports of electronic and other goods.

語句と構文

L.2 get out of line with ～ = ～と協調しない　L.3 illusionary = 幻影の，幻想の
L.3 implosion = 内部への破裂，内破　L.5 multiple = 多様な，複雑な　L.10 take advantage of ～ = ～を利用する　L.10 hefty = かなりの　L.13 speculative = 投機的な　L.13 skyscraper = 超高層ビル

政府が為替レートを防御できる程度には限界がある。為替レートが国の経済的実態からあまりにもかけ離れた場合，固定為替レートの幻の安定はその後に内破が続くこともある。これが1997年にタイに始まるアジア金融危機で起こったことである。その危機は国により多様な原因があったが，通貨の固定相場も一役買っていた。

　1990年代前半のタイでは，その通貨バーツは，1ドルに対して25バーツに固定されていた。一方，ドルの本拠地である米国では，利子率は極めて低かった。タイの企業や個人はこの状況を利用し，ドル建てで巨額の借り入れを行ったが，それは，バーツを十分に稼げば，1ドル25バーツの有利な為替レートでバーツをドルと交換することによって，ドルの債務を返済できるものと自信を持っていたからだ。結果は，投機的投資の爆発，とりわけバンコクの派手な超高層ビルへの投資という爆発であった。このすべては，電子機器やその他の商品の輸出が急激に増加したことに基づくアジア経済の「奇跡」によっても促進された。

Then the deals started to unravel*. First, demand for Thailand's exports started to slow, putting pressure on the baht. Second, the US government became worried about inflation so increased its interest rates —— making it more difficult for Thai borrowers to service their loans. With the writing on the wall*, speculators* and investors started to lose faith that Thailand would defend the baht and capital started to flee*. This exacerbated* the problem, eventually forcing the government to let the baht float, and in 1998 it duly* soared* to 56 to the dollar. People who had taken out dollar loans now had to earn more than twice as many baht to service* them; many were forced into bankruptcy —— leaving the Bangkok skyline in suspended animation* with half-finished buildings and idle* cranes. The crisis then spread to other countries such as Indonesia, and even to stronger economies, including the Republic of Korea.

But exchange rate disasters do not happen only in developing countries. In 1997 the British government provided an iconic* example of how not to control floating exchange rates —— and lost over £3 billion in the process★.

Nevertheless governments and central banks still try to manage exchange rates to some extent. They can do this simply by announcements or giving hints about future inflation data or possibilities of changes in interest rates, or actual changes. Or they may buy or sell currencies. Ultimately, however, they cannot affect long-term fundamental rates, since even national currency reserves are dwarfed* by the volumes traded daily in the currency markets.

語句と構文

L.1 unravel = 〈編み物などが〉ほどける　**L.5** the writing on the wall =（良くないことの）前兆　**L.5** speculator = 投機家　**L.6** flee = 逃げる　**L.6** exacerbate = 〜を悪化させる　**L.7** duly = 十分に　**L.8** soar = 暴騰する　**L.9** service =〈債務〉の利息を払う　**L.10** suspended animation = 仮死状態　**L.11** idle = 使用されていない　**L.15** iconic = 図像的な　**L.22** dwarf =〈ものを〉小さく見せる

★英国政府はポンド買いをして，ポンドの為替レートを人為的に高水準に保っていたが，それがジョージ・ソロスなどの介入によって，失敗したことを指す。

そして取引はほころび始めた。まず、タイの輸出に対する需要は鈍化し始め、バーツの価値を押し下げた。次に、米国政府はインフレーションを懸念するようになり、利子率を引き上げた —— それによってタイのドル資金の借り手たちは、債務の履行がさらに困難になった。災いの前兆を感じとったので、投機筋と投資家たちはタイ政府がバーツを守ることが信じられなくなり、かくして資本は流出し始めた。これが問題を悪化させ、結局タイ政府はバーツを変動制とせざるを得なくなり、これにより1998年には1ドル56バーツにまで暴落した。ドル建ての借り入れをしていた人たちは、今やその債務の利息の支払いのために2倍のバーツを稼がねばならなくなった。多くが破産に追い込まれた —— こうしてバンコクの高層ビルが描くスカイラインは仮死状態となり、未完成のビル群と使用されないでいるクレーンが取り残された。危機はインドネシアのような他の国々に、そしてさらに韓国を含む、より強い経済を持つ国々にも波及した。

しかし為替レートの災害は、発展途上国だけで起こったのではなかった。1997年に英国政府は、変動為替相場をコントロールしてはいけないことを絵のような見事な例で示し、そしてその過程で30億ポンドを失ったのだった。

それにもかかわらず、各国の政府と中央銀行は、依然としてある程度まで為替レートをコントロールしようと試みている。これは、将来のインフレーションのデータや利子率の変更の可能性について告示したり、ほのめかしたり、あるいは実際に変更を行ったりすることによって簡単にできるのだ。あるいは通貨を買ったり売ったりすることもある。しかし最終的には、政府も中央銀行も長期的な基礎的レートに影響を与えることはできない。なぜなら国の通貨準備でさえも、日々外国為替市場で取引されている量からすれば矮小なものだからである。

第4章　出典一覧

1. **Cooperation through voluntary exchange**
"Cooperation Through Voluntary Exchange" from FREE TO CHOOSE: A PERSONAL STATEMENT, copyright © 1980 by Milton Friedman and Rose D. Friedman, reprinted by permission of Houghton Mifflin Harcourt Publishing Company.

2. **Economic justice**
A History of Knowledge – Past, Present and Future by Charles Van Doren

3. **Externality**
Essential Economics: An A to Z Guide, 2nd Edition by Matthew Bishop. Copyright © 2009 by Mathew Bishop. Reproduced with permission of John Wiley & Sons, Inc.

4. **What is globalization?**
From A BEGINNER'S GUIDE TO THE WORLD ECONOMY by Randy Charles Epping, copyright © 1992 by Randy Charles Epping. Used by permission of Vintage Books, a division of Random House, Inc.

5. **What is the green economy?**
From THE 21ST-CENTURY ECONOMY: A BEGINNER'S GUIDE WITH 101 EASY-TO-LEARN TOOLS FOR SURVIVING AND THRIVING IN THE NEW GLOBAL MARKETPLACE by Randy Charles Epping, copyright © 2009 by Randy Charles Epping. Used by permission of Vintage Books, a division of Random House, Inc.

6. **The Bretton Woods system and currency crises**
The No-Nonsense Guide to Global Finance by Peter Stalker. Reprinted by kind permission of New Internationalist. Copyright © New Internationalist (www.newint.org).

INDEX

色太字：１～３章までの項目タイトル
黒太字：１～３章までの文章中に登場する色太字の英単語または語句
黒細字：１～３章までの文章中に登場する人名，細字の英単語または語句

A

☐ a single consumer	67
☐ A.W.H. Phillips	44
☐ absolute advantage	115
☐ accelerate	45
☐ acid rain	89
☐ acquired	115
☐ acquired advantage	115
☐ acquired endowments	119
☐ act rationally	29
☐ ad valorem tariff	125
☐ Adam Smith	23
☐ added value	122
☐ additional jobs	128
☐ adjustable-rate mortgage	106
☐ advantageous	115
☐ **aggregate demand**	54
☐ **aggregate supply**	54
☐ agricultural product	117
☐ agriculture	64
☐ aircraft	121
☐ alchemist	106
☐ alcoholism	41
☐ alien	41
☐ alienation	41
☐ allocate	12
☐ alternative	17
☐ **an invisible hand**	23
☐ analyze	35
☐ antimonopoly policy	86
☐ aptitude	40
☐ aristocracy	38
☐ Arthur Cecil Pigou	89
☐ artificial intelligence	47
☐ asset price	49
☐ asset-backed security	99
☐ assets	43
☐ asymmetric information	84
☐ asymmetric shock	152
☐ auction	96
☐ auction house	27
☐ auto-loan security	101
☐ autonomously	65
☐ availability	83
☐ available	10

B

☐ bad loan	77
☐ bailout	109
☐ balance of payments	139
☐ balance sheet	101
☐ Bank for International Settlements (BIS)	94
☐ Bank Holding Company Act (BHCA)	111
☐ Bank of Japan	74
☐ bankruptcy	63
☐ base year	60
☐ Basel Agreements	94
☐ Basel Capital Accord	94
☐ basic competitive model	83
☐ be offset	128
☐ be overvalued	136
☐ be undervalued	136
☐ beekeeper	88
☐ beggar-thy-neighbor policy	151
☐ benefit	14
☐ benevolence	24
☐ Bertil Gotthard Ohlin	120
☐ **Big Mac**	133
☐ board	17
☐ bond	28
☐ borrowing	21

☑ bounded rationality	43	☑ cohesion	154
☑ boycott	126	☑ coinage	47
☑ Bretton Woods exchange rate system	142	☑ collapse	37
☑ Bretton Woods System	139	☑ collateralized debt obligation (CDO)	100
☑ bubble	77	☑ combination	14
☑ buckwheat	16	☑ commercial bank	111
☑ budget	13	☑ commodity	28
☑ budget deficit	155	☑ communism	39
☑ bureau de change	155	☑ commuting cost	17
☑ burgernomics	133	☑ comparative advantage	117
☑ business cycle	63	☑ compensation	91
☑ business upturn	79	☑ component	55
☑ buying operation	74	☑ condition	33

C

		☑ confectionery industry	128
☑ calculation	153	☑ conflict	20
☑ capital	11	☑ congressional report	19
☑ capital accumulation	64	☑ consecutive	66
☑ capital adequacy ratio	94	☑ consumer	30
☑ capital flight	145	☑ consumer expenditure	56
☑ capital market	28	☑ consumer goods	43
☑ capital-intensive	120	☑ consumer goods market	28
☑ capitalist accumulation	38	☑ consumer protection legislation	86
☑ capture	20	☑ consumption tax	79
☑ car accident	19	☑ contractionary fiscal policy	72
☑ car manufacturer	14	☑ conversely	44
☑ cattle-raiser	89	☑ convertible money	140
☑ cell phone	58	☑ correct	85
☑ central bank	71	☑ cost	14
☑ central government	27	☑ costly	22
☑ centrally planned economy	27	☑ counterparty	110
☑ choice	10	☑ crash	52
☑ Christian N. Chabot	152	☑ create jobs	128
☑ circumstances	14	☑ credibility	145
☑ civilian spending	13	☑ credit crunch	108
☑ claim	99	☑ credit default swap (CDS)	103
☑ class conflict	38	☑ credit-card security	101
☑ class struggle	39	☑ creditworthy	99
☑ classical economics	67	☑ crops	89
☑ climate	64	☑ cultural traditions	130
☑ clothing	58	☑ currency	133
☑ clothing factory	120	☑ currency conversion costs	154
☑ Coase Theorem	87		
☑ cognitive limits	47		

D

David Bowie	100
David Ricardo	38
debt	94
debt-to-equity ratio	94
debtor	99
decision-making	41
deep financial markets	155
default	96
defence	26
defense budget	19
deficit	21
define	32
definition	33
Delors Report	154
demand curve	31
denomination	155
deposit	111
depression	63
deregulation	110
derivative	103
deteriorate	156
devaluation	145
devastating effect	21
direct expenditure	16
disability	20
disequilibrium	33
disposal income	72
diversification	51
division of labor	113
document	106
dollar	133
dollar reserve	143
domestic industry	125
double counting	58
double-edged sword	107
down payment	43
drought	11
durable goods	75
Dwight D. Eisenhower	13

E

e-business	104
e-commerce	28
eco-friendly	33
economic agent	43
economic efficiency	127
economic growth rate	79
economic prosperity	114
economic welfare	130
economize	10
economy of scale	156
effective demand	68
effectually	25
efficiency	49
efficient	49
efficient market	49
efficient-market hypothesis	49
element	67
elementary education	85
Eli F. Heckscher	120
embargo	126
emerging industry	132
emerging market	151
employer	38
enterprise	55
entrepreneur	41
environmental damage	92
epicenter	111
equilibrium	31
equilibrium exchange rate	136
equilibrium price	32
equilibrium quantity	32
equipment investment	56
equitable	95
equity	94
erratic	50
estimate	20
euro	133
Euroland	154
European Atomic Energy Community	153
European Central Bank	155
European Coal and Steel Community (ECSC)	152
European Community (EC)	153
European Economic Community (EEC)	152
European Monetary System (EMS)	153

☐ European Union（EU）	152	☐ firewall	111
☐ exceed	10	☐ firm	11
☐ exchange market	71	☐ fiscal policy	68
☐ exchange rate	72	☐ fiscal policy adjustment	157
☐ exchange rate risk	154	☐ fixed exchange rate system	140
☐ exchange rate system	139	☐ fixed percentage	125
☐ exchange-rate intervention	157	☐ floating exchange rate system	140
☐ exclude	83	☐ florist	88
☐ existing home sales	108	☐ fluctuation	56
☐ expansion	63	☐ follow-the-crowd	65
☐ expansionary fiscal policy	72	☐ foodstuff	58
☐ expensive	92	☐ force	41
☐ expertise	119	☐ foreclosure	108
☐ exploit	38	☐ foreign currency	136
☐ exports	56	☐ foreign exchange	28
☐ externality	84	☐ foreign exchange intervention	136
☐ extinction	132	☐ foreign exchange market	134

F

		☐ foreign exchange reserve	151
☐ facilitate	113	☐ foreign exchange speculation	137
☐ factor intensity	120	☐ foreign trade	67
☐ factor of production	120	☐ forest product	156
☐ factor of production market	28	☐ forgo	16
☐ fallacy of composition	54	☐ franc	154
☐ Fannie Mae	103	☐ Freddie Mac	103
☐ farmer	89	☐ free	10
☐ Federal Home Loan Mortgage Corporation	105	☐ free economy	27
		☐ free enterprise system	37
☐ Federal National Mortgage Association	105	☐ free trade	26
		☐ free-trade agreement	125
☐ Federal Reserve Board（FRB）	104	☐ Friedrich Engels	37
☐ Federal Reserve System	109	☐ fuel efficiency	14
☐ feel satisfied	32	☐ full employment	45
☐ fertile environment	113	☐ fundamental disequilibrium	145
☐ fiat money	140	☐ fundamentals	49
☐ final goods	58	☐ future generation	75
☐ finance	95	☐ future output	72
☐ financial assets	28		

G

☐ financial crisis	21	☐ GDP deflator	60
☐ financial deregulation	77	☐ General Agreement on Tariff and Trade（GATT）	142
☐ financial instrument	155		
☐ financial leverage	94	☐ general equilibrium	36
☐ financial market	49	☐ gentry	117
☐ financial system	111	☐ geographical mobility	35
☐ fire fighting	85	☐ geography	119

Georg Wilhelm Friedrich Hegel	38
Glass-Steagall Act	111
global recession	103
globalization	65
go bankrupt	79
gold	28
gold coin	140
gold mine	141
gold reserve	141
gold standard	139
good	11
good credit history	106
government bond	68
government expenditure	56
Gramm-Leach-Bliley Act	111
gross domestic product（GDP）	58
growth	40
gun	13

H

Ha-Joon Chang	130
harmful smoke	84
harvest	65
healthy assets	110
Heckscher-Ohlin theorem	120
hedge fund	109
Herbert A. Simon	46
hidden cost	19
high wages	128
high-return	106
highly educated	123
highway	17
hitherto	39
home equity	97
home ownership	105
horizontal axis	32
house-building	64
household	27
human resources	11
human rights	130
hyperinflation	71

I

immigrant	35
immigration	35
imperfect competition	84
imply	64
import quota	125
import restriction	65
imports	56
imposition	126
in effect	149
in the economic sense	10
incentive	40
income	11
income redistribution	73
income tax	68
indestructible	140
index fund	49
industrial product	117
industrialization	37
ineffective	46
inefficient	89
inexpensively	129
infant industry	128
inflation	44
inflationary pressure	72
inflexible	91
inflict	90
informal	126
information efficiency	49
information technology	77
infrastructure	21
innovation	40
innovative effort	41
insight	51
insolvent	77
institution	109
insurance company	84
inter-industry	122
interest	99
interest rate	56
interest rate adjustment	157
interest-bearing	81
intermediate goods	58
internal logic	29
International Bank for Reconstruction and Development（IBRD）	131
international banking	94
international conflict	130

☐ International Monetary Fund（IMF）	
	142
☐ international trade	117
☐ interpretation	37
☐ intervene	27
☐ intervention	26
☐ inventory	108
☐ investment	21
☐ investment bank	111
☐ investment leverage	94
☐ investor	49
☐ issue	99

J

☐ Jacques Delors	154
☐ **Japan's lost decade**	77
☐ Jean-Baptiste Say	67
☐ John Maynard Keynes	55
☐ John Stuart Mill	68
☐ Joseph E. Stiglitz	19
☐ **Juglar cycle**	64
☐ **junk bond**	101
☐ **jurisdictional**	158
☐ **justice**	26

K

☐ Karl Marx	37
☐ **Kitchin cycle**	64
☐ **Kondratiev cycle**	64
☐ **krone**	133
☐ **Kuznets cycle**	64

L

☐ labor	11
☐ labor mobility	159
☐ labor shortage	45
☐ labor union	46
☐ labor-intensive	120
☐ land	11
☐ large profit	49
☐ legal business	119
☐ legal right	91
☐ Leontief paradox	120
☐ *leverage*	*94*
☐ liabilities	99
☐ liberalization	131
☐ liberty	130

☐ life insurance	19
☐ lighthouse	85
☐ limited	10
☐ Linda J. Bilmes	19
☐ liquidity	80
☐ liquidity trap	77
☐ lira	155
☐ living creature	24
☐ local government	56
☐ long-term government bond	155
☐ long-term interest rate	79
☐ lost opportunity	16
☐ low inflation	70
☐ lower	35
☐ lumber	11

M

☐ **Maastricht Treaty**	153
☐ machinery	129
☐ macroeconomic policy	139
☐ macroeconomic stability	155
☐ macroeconomics	67
☐ make a loan	101
☐ managed floating exchange rate system	140
☐ managerial and technical efficiency	55
☐ manufacturer	23
☐ marginal analysis	14
☐ Marilu Hurt McCarty	158
☐ mark	154
☐ *market*	*27*
☐ market economy	11
☐ market equilibrium rate	143
☐ *market failure*	*83*
☐ market interest rate	77
☐ *market mechanism*	*27*
☐ market price	97
☐ market share	111
☐ mature	132
☐ maximize	88
☐ means of exchange	28
☐ medical equipment	121
☐ mercantilism	114
☐ merger	111

☑ metaphor	26
☑ meteorological cycle	65
☑ microeconomics	67
☑ military spending	13
☑ Milton Friedman	71
☑ mineral	11
☑ minimize	114
☑ miracle	29
☑ mixed economy	27
☑ monetarist	46
☑ monetary policy	46
☑ monetary value	58
☑ money supply	46
☑ monopolize	38
☑ monopoly	84
☑ Moody's Investor Service	101
☑ moral hazard	109
☑ mortgage	28
☑ mortgage broker	103
☑ mortgage loan	96
☑ mortgage repayment	105
☑ mortgage-backed security (MBS)	100
☑ mutual fund	51

N

☑ N. D. Kondratiev	64
☑ N. Gregory Mankiw	40
☑ NASDAQ	104
☑ national defense	70
☑ national income	75
☑ national security	128
☑ natural advantage	114
☑ natural endowments	119
☑ necessities of life	42
☑ negative externality	88
☑ negative spiral	78
☑ neo-liberalism	131
☑ net exports	56
☑ new Bretton Woods	146
☑ new home sales	108
☑ Nikolai Lenin	37
☑ nominal GDP	60
☑ nominal interest rate	80
☑ non-mortgage security	100
☑ non-tariff barrier	125

O

☑ objection	82
☑ objective	13
☑ official	42
☑ official discount rate	74
☑ offset	65
☑ oil crisis	56
☑ oil field	39
☑ oil price	21
☑ oil refinery	120
☑ oil refining	120
☑ oil shock	159
☑ oligopoly	84
☑ omnipotent	44
☑ opportunity cost	16
☑ optimal behavior	47
☑ optimal currency area	152
☑ optimally	44
☑ optimistic	65
☑ output	21
☑ over night call money rate	79
☑ overcapacity	77
☑ overproduction	68
☑ overthrow	39
☑ ownership	95

P

☑ paper currency	140
☑ paradox of thrift	55
☑ part	54
☑ part-nationalize	109
☑ partial equilibrium	36
☑ participant	25
☑ Paul A. Samuelson	28
☑ Paul Robin Krugman	81
☑ peak	63
☑ pegged rate	143
☑ pension fund	135
☑ perfect competition	29
☑ perfect information	83
☑ performance	40
☑ periodical wave	63
☑ peso	133
☑ pessimistic	65
☑ petroleum	11

Phillips curve	43	proprietary trading	112
physical capital	123	pros and cons	79
physical location	27	protectionism	117
Pigovian tax	87	psychological factor	65
pin-maker	113	psychology	47
pleasure	91	public goods	85
policymaker	68	public health	85
political influence	132	public institution	26
pollute	86	public interest	25
polluter	89	public land	92
portfolio	51	public sector	58
positive externality	88	public work	26
possibility	13	purchasing power	45
potential	27	purchasing power parity	134
potential output	55	pursuit of wealth	38
pound	133	**Q**	
practical	92	quality	83
predict	34	quantitative restriction	125
predictable	34	quantity theory of money	140
preference	29	quarter	63
prescription	82	quota	40
price	55	**R**	
price level	67	railroad	39
price mechanism	25	random walk	50
price stability	70	rating agency	101
price transparency	155	ratio	123
prime loan	103	rational	49
prioritize	11	rational-expectations hypothesis	43
private cost	88	rationale	85
private property	39	rationing	11
private property system	38	raw materials	40
private sector	58	real GDP	60
privatization	131	real GDP per capita	151
produce	16	real interest rate	80
producer goods	80	real-estate lending	77
production efficiency	118	realtor	43
productive	117	recession	21
productive assets	11	recipe	133
productivity	11	reciprocal	90
progressive taxation	95	regulated interest rate	77
prohibit	114	regulation	86
propensity to consume	75	relative value	40
property right	91	renminbi	133
proportion	51	rent	105

☐ repeal	111	☐ silence	91
☐ research and development	75	☐ simultaneously	55
☐ resident	58	☐ Single European Act	153
☐ residential mortgage-backed security (RMBS)	100	☐ skill	11
		☐ skill-intensive	123
☐ resources	10	☐ skilled	113
☐ restrain	90	☐ skyrocket	77
☐ retaliation	125	☐ slide	78
☐ revaluation	145	☐ small business	18
☐ revolution	38	☐ small government	70
☐ reward	40	☐ Smoot-Hawkey Tarrif	142
☐ Richard Milhous Nixon	146	☐ sobering	20
☐ Riegel-Neal Interstate Banking and Branching Eciency Act（IBBEA）	111	☐ social cost	87
		☐ social efficiency	91
☐ rigidity	159	☐ social science	117
☐ risk management	108	☐ social welfare	157
☐ Robert E. Lucas	46	☐ socialism	39
☐ Robert Mundell	158	☐ sociology	47
☐ Ronald H. Coase	87	☐ soil	65
☐ rules of thumb	47	☐ soil erosion	92
☐ rural areas	151	☐ soldier	19

S

		☐ solidarity	154
☐ satisficing	47	☐ soot	88
☐ saving	113	☐ sound management	94
☐ Say's Law	67	☐ source of revenue	125
☐ scarcity	10	☐ special purpose vehicle	106
☐ scenic beauty	17	☐ specialization	113
☐ secondhand smoke	84	☐ speculation	77
☐ securitization	99	☐ speculator	136
☐ security	25	☐ stable	32
☐ seed	16	☐ stable growth	70
☐ self-certification	106	☐ stable system	64
☐ self-correcting mechanism	140	☐ stagflation	43
☐ self-interest	23	☐ Stalin's prison	64
☐ self-preservation	23	☐ static	119
☐ self-sufficiency	130	☐ statistics	39
☐ selfishness	23	☐ steam engine	65
☐ selling operation	74	☐ steel mill	88
☐ semiconductor	130	☐ stimulate	46
☐ seriously injured	20	☐ stock	28
☐ shift	33	☐ stock exchange	104
☐ short-term interest rate	79	☐ stock market	63
☐ signal	29	☐ stock market crash	104
☐ significance	34	☐ stock plunge	68

☑ straying cattle	89
☑ structural reform	156
☑ subprime loan	103
☑ subsidy	33
☑ suffice	47
☑ sulfur dioxide	89
☑ supplier	32
☑ supply curve	31
☑ surplus value	38
☑ sympathy	24
☑ systemic risk	103

T

☑ tariff	125
☑ tax revenues	11
☑ taxation	86
☑ technological innovation	65
☑ technology	119
☑ temporarily	130
☑ temporary loan	142
☑ textile industry	151
☑ textile machinery	131
☑ the bourgeoisie	38
☑ the British Museum	37
☑ the Bush administration	19
☑ the dotcom boom	103
☑ the federal debt	21
☑ the Great Depression	67
☑ the housing bubble	21
☑ the Industrial Revolution	10
☑ the input-output table	122
☑ the Iraq War	19
☑ the labor theory of value	37
☑ the means of production	38
☑ the Middle East	21
☑ the northern hemisphere	122
☑ the proletariat	38
☑ the southern hemisphere	122
☑ the Soviet Union	37
☑ the Standard & Poors 500 index	51
☑ the Taliban	21
☑ the theory of multiplier	70
☑ the U.S. Defense Department	130
☑ the unemployed	68
☑ theft	13

☑ third party	83
☑ Thomas J. Sargent	46
☑ Thomas Robert Malthus	67
☑ too big to fail	111
☑ total exports	149
☑ tourism	156
☑ tourism industry	119
☑ toxic assets	110
☑ tradable	101
☑ trade barrier	125
☑ trade deficit	149
☑ trade surplus	149
☑ trade volumes	149
☑ trade-off	13
☑ tranche	103
☑ transaction	84
☑ transaction cost	92
☑ transfer	73
☑ transportation cost	126
☑ Treasury	109
☑ Treaty of Rome	152
☑ trough	63
☑ true cost	16
☑ tuition	17
☑ two-way trade	149
☑ tyranny	23

U

☑ ultimate ruler	30
☑ unbiased	43
☑ uncivilized	130
☑ underproduction	68
☑ underwater	97
☑ undue influence	29
☑ unemployment	44
☑ unemployment rate	21
☑ unique	10
☑ United States of Europe	152
☑ unlimited	10
☑ unpredictable	50
☑ unprofitable	18
☑ upside down	97
☑ urgent	39
☑ used car	84
☑ utility	111

- ☑ utopia 39

V
- ☑ value 16
- ☑ variable 67
- ☑ versatile 47
- ☑ vertical axis 32
- ☑ victim 89
- ☑ volatility 52
- ☑ voter 30

W
- ☑ wage demand 56
- ☑ wage rate 35
- ☑ want 11
- ☑ warship 13
- ☑ Wassily Leontief 122
- ☑ weapons of mass destruction 108
- ☑ welfare economics 95
- ☑ well-informed 52
- ☑ Werner Report 153
- ☑ wheat 16
- ☑ whole 54
- ☑ wholesale price 64
- ☑ wilderness 17
- ☑ win-win solution 24
- ☑ winery 129
- ☑ Winston Churchil 152
- ☑ work on commission 106
- ☑ working population 75
- ☑ workman 113
- ☑ World Bank 131
- ☑ World Trade Organization 131
- ☑ World Trade Organization（WTO） 142
- ☑ worsen 46

Y
- ☑ yen 133
- ☑ yuan 133

Z
- ☑ zero-interest-rate policy 79

ビジネスパーソンの教養　経済×English

初版第1刷発行	2011年4月30日
著者	中澤幸夫
発行人	西村稔
発行	株式会社Z会
	〒411-0943　静岡県駿東郡長泉町下土狩105-17
	TEL　(055) 976-9095
	http://www.zkai.co.jp/books/
装丁	新沼寛子（TYPEFACE）
印刷・製本	日経印刷株式会社
編集協力	日本アイアール株式会社

© 中澤幸夫 2011　★無断で複写・複製することを禁じます
定価はカバーに印刷してあります
乱丁・落丁はお取り替えいたします
ISBN 978-4-86290-075-3